Cahiers libres

Du même auteur

Ceux du Val-de-Marne. Vingt-cinq ans de luttes sociales, Messidor, 1991.

La Crise de la politique. Du désarroi militant à la politique de la ville, L'Harmattan, coll. « Logiques sociales », 1996.

Banlieue, banlieue, banlieue, La Dispute, 1997.

Contre l'État, la politique, La Dispute, 1999.

L'État de guerre, La Dispute, 2003.

Nous-autres nous-mêmes. Ethnographie politique du présent, Le Croquant, 2008.

Le Temps des émeutes, Bayard, 2009.

Les Raisons de la colère (avec Samuel Luret), documentaire, Morgane Production/Arte, 2010.

Site Web : *Anthropologie du présent*, <http://berthoalain.com>.

Alain Bertho

Les enfants du chaos

Essai sur le temps des martyrs

La Découverte
9 *bis*, rue Abel-Hovelacque
75013 Paris

L'édition de cet ouvrage a été assurée par François Gèze.

Pour les références en note des documents cités disponibles en ligne, les adresses url correspondantes sont données dans leur version raccourcie produite grâce au précieux site non marchand <ur1.ca>.

Si vous désirez être tenu régulièrement informé de nos parutions, il vous suffit de vous abonner gratuitement à notre lettre d'information par courriel, à partir de notre site

www.editionsladecouverte.fr

où vous retrouverez l'ensemble de notre catalogue.

ISBN 978-2-7071-8877-9

« Il n'y a que les martyrs pour être sans pitié ni crainte et, croyez-moi, le jour du triomphe des martyrs c'est l'incendie universel. »

Jacques LACAN,
L'Éthique de la psychanalyse (S VII), 1959-1960, Seuil, Paris, 1986.

Introduction

Vers l'incendie universel ?

« Le désordre contemporain est dans les têtes et non pas seulement dans les situations auxquelles chacun se trouve confronté. »

Georges BALANDIER,
Le Désordre, Fayard, Paris, 1998.

Ce livre était en cours d'écriture lors des attentats meurtriers de Paris et Saint-Denis, le 13 novembre 2015. Les mots nous manquent pour évoquer ce carnage volontairement aveugle, ces centaines de blessés et ces cent trente vies humaines anéanties et réduites à un « avertissement pour ceux qui veulent méditer[1] ». Ce 13 novembre était au Liban jour de deuil national en hommage aux quarante-trois morts victimes de l'attentat suicide du quar-

1. Communiqué de revendication des attentats par l'État islamique.

tier de Bourj El-Barajneh à Beyrouth la veille. Le 31 octobre, l'explosion en vol au-dessus du Sinaï du charter de Kogalymavia, également revendiquée par Daech[2], avait fait deux cent vingt-quatre victimes et, le 10 octobre, l'explosion d'une bombe dans un cortège à Ankara avait fait cent deux morts. Chaque drame semble faire oublier le précédent tant, à chaque fois, la sidération s'empare des survivants et des témoins, tant l'horreur qui nous saisit semble annihiler notre capacité à donner du sens au drame et à l'inscrire dans un récit.

C'est ce que démontre avec talent le romancier japonais Haruki Murakami dans *Underground*[3]. Ce livre, fondé essentiellement sur des entretiens, tente de comprendre l'attaque meurtrière au gaz sarin perpétrée par la secte Aum dans le métro de Tokyo en 1995. Murakami a interrogé des victimes, dont il restitue les témoignages singuliers, et des membres de la secte. Son travail montre à quel point, dans ce genre de situation, deux expériences subjectives irréconciliables sont en concurrence sur le sens de l'événement : celle des victimes et celle des meurtriers. L'expérience des victimes est l'effroi d'un pourquoi sans réponse. On l'a vu en janvier 2015 en France, on

2. Anagramme arabe de l'État islamique en Irak et au Cham.

3. Haruki MURAKAMI, *Underground*, Belfond, Paris, 2013.

l'a revu à Tunis en mars de la même année comme après le 13 novembre 2015 à Paris et Saint-Denis. Quand « les mots ne suffisent plus », voire quand « il n'y a pas de mots » pour le dire, c'est que l'événement est au sens propre « impensable ». Haruki Murakami nous le fait partager dans les deux tiers de son livre consacrés aux passagers du métro dont la vie a été bouleversée, voire anéantie, par l'attentat.

Mais ce qui fait le sens de l'acte et assure sa continuité subjective avant, pendant et après, c'est ce que pensent ceux qui en ont été les auteurs ou auraient pu l'être. En donnant la parole à des membres d'Aum, le romancier donne à lire une intellectualité en partage entre quelques assassins et de beaucoup plus paisibles Japonais au nom desquels les meurtres ont été commis. Il nous montre comment, si le passage à l'acte est toujours exceptionnel, il s'enracine dans une vision du monde et une expérience partagées.

Voilà l'élément qui nous manque pour comprendre les attentats de janvier et de novembre 2015 à Paris et la soudaine émergence du djihadisme sur les scènes française et mondiale. L'affaire paraît pourtant entendue. Une menace pèserait sur le monde : la radicalisation de l'islam. Les faits semblent « parler d'eux-mêmes ». Mohammed Merah à Toulouse en 2012, Tamerlan et Dzhokhar Tsarnaev à Boston en 2013,

Michael Zehaf-Bibeau à Ottawa, Man Haron Monis à Sydney en 2014, Yassine Labidi et Saber Khachnaoui au Prado de Tunis et Seifeddine Rezgui sur la plage de Sousse en 2015, comme les frères Kouachi et Amedy Coulibaly en janvier 2015, comme les commandos de novembre 2015 : tous ont tué et sont morts au nom d'Allah. La renaissance autoproclamée du califat semble fonctionner comme un catalyseur international de vocations. Dès le 23 mai 2013, le site *Riposte laïque* avait titré : « Merah-Boston-Londres : l'islam veut notre mort[4] ! » Et n'a-t-on pas lu et entendu en janvier 2015 que c'était à la communauté musulmane de « faire le ménage » chez elle ?

Que nombre de musulmans (qui, rappelons-le, sont nombreux parmi les victimes de Daech) soient particulièrement traumatisés par des meurtres commis au nom de leur foi est une dimension incontournable de la situation. Mais nous soutiendrons ici que ce n'est en aucun cas leur foi, ni surtout les musulmans en général – cette « communauté qui n'existe pas », comme le rappelle Olivier Roy[5] – qui sont responsables de la radicalisation meurtrière

4. Maxime LÉPANTE, « Merah-Boston-Londres : l'islam veut notre mort !, *Riposte laïque*, 23 mai 2013, <ur1.ca/o7pw7>.

5. Olivier ROY, « La communauté musulmane n'existe pas », *Mediapart*, 11 janvier 2011, <ur1.ca/o7pxc>.

de Français[6], de Canadiens, d'Australiens, de Britanniques ou de Tunisiens. Nous savons tous que l'époque est propice aux folies meurtrières les plus diverses. A-t-on oublié que, le 20 avril 1999, quinze personnes sont mortes dans la fusillade de Columbine à Littleton dans le Colorado ? Que, le 22 juillet 2011, Anders Behring Breivik, trente-deux ans, a abattu soixante-neuf personnes dans l'île d'Utøya en Norvège ? Que, le 17 juin 2015, Dylan Roof, vingt et un ans, a tué neuf personnes dans une église fréquentée par la population noire de Charleston ? Que, le 1er octobre 2015, Chris Harper Mercer, vingt-six ans, a tué dix personnes dans l'université Umpqua (Oregon) ? Aucun de ces meurtriers n'était musulman.

Interrogeons-nous plutôt sur cette violence du monde qui conduit des individus en souffrance à des passages à l'acte extrêmes[7]. Notre temps est, depuis

---

6. Voir Fahrad KHOSROKHAVAR, *Radicalisation*, Éditions de la MSH, Paris, 2014.

7. Olivier Roy fait l'hypothèse que « la raison principale de cette radicalisation est le croisement entre un référentiel musulman, d'une part, et, d'autre part, une culture de la violence, du ressentiment, de la fascination nihiliste pour un héroïsme malsain, négatif et suicidaire, celui des jeunes tueurs de Columbine qui massacrent les gens de leur école et se mettent en scène dans des vidéos en ligne avant de passer à l'action et de mourir, car la mort

2000, celui des émeutes[8]. Il est aussi le temps des immolations par le feu[9]. Interrogeons-nous sur cette mondialisation qui partout décrédibilise les gouvernants aux yeux des peuples. Interrogeons-nous sur cet effondrement des systèmes de représentation politique qui ouvrent la voie à la confrontation généralisée. Interrogeons-nous enfin sur les effets de masse de cette hypothèque qui pèse aujourd'hui sur l'avenir de l'humanité et de la planète après deux siècles de confiance dans le progrès politique, social ou scientifique. Quand la révolte gronde contre les injustices ou l'inconséquence écologique des pouvoirs, elle ne peut plus, comme au siècle dernier, se projeter sur la perspective de « lendemains qui chantent ». La révolte radicale est en panne de projet révolutionnaire : « Visiblement, il est plus facile d'imaginer la fin du monde que la fin du capitalisme », remarque justement Slavoj Zizek[10].

Il faut regarder la vérité en face : les racines de ces explosions de violence meurtrière et suicidaire

---

est toujours la fin de l'histoire » (« La communauté musulmane n'existe pas », *loc. cit.*).

8. Alain BERTHO, *Le Temps des émeutes*, Bayard, Paris, 2009.

9. Annamaria RIVERA, *Il Fuoco della rivolta. Torce umane dal Maghreb all'Europa*, Dedalo, Bari, 2012.

10. « Slavoj Zizek plaide pour une mobilisation populaire. Propos recueillis par Éric Aeschimann », *Libération*, 16 février 2008.

ne sont pas à chercher dans des textes théologiques, mais dans la situation sociale et politique concrète de la France, du Canada, des États-Unis, du Royaume-Uni ou de la Tunisie. Nous n'avons pas affaire à une radicalisation de l'islam, mais à une islamisation de la colère, du désarroi et du désespoir des enfants perdus d'une époque terrible qui trouvent dans le djihad un sens et des armes pour leur rage.

Depuis des années, nous regardons sans comprendre. Tous les éléments sont sous nos yeux comme les pièces d'un puzzle que nous ne pouvons et peut-être ne voulons pas assembler. Nous nous laissons au contraire disperser par une lecture fragmentée de la réalité, celle des rubriques médiatiques ou des dossiers politiques et gouvernementaux. On traite ainsi séparément de la « dette » et de la « banlieue », de la « compétitivité » et de la « radicalisation », du « chômage des jeunes » et des « réseaux sociaux », de la « menace climatique » et de la présence industrielle française en Chine, de la « guerre au terrorisme » en Afrique et au Moyen-Orient et de la mort des réfugiés en Méditerranée.

Voilà donc des années que, pour cette raison, nous sommes toujours pris au dépourvu par l'événement. Quand, en octobre 2005, la mort de deux jeunes fuyant la police dans un transformateur de Clichy-sous-Bois déclenche trois semaines d'émeutes sur le territoire national, nous avons été quelques-uns, sociologues, ethnologues ou urbanistes, à dire que l'événement était prévisible. Mais, soyons honnêtes, aucun d'entre nous ne l'avait vu venir, même après avoir travaillé durant vingt ans sur et dans les banlieues. Quelque chose nous avait échappé du sens de l'époque, quelque chose qui avait pourtant tant d'importance pour la génération qui nous suit.

Nous devons admettre que notre propre époque nous est devenue difficilement lisible. Aujourd'hui, à l'instar de la fin du XVIIIe siècle et de l'aube de la modernité analysées par Alexis de Tocqueville, « le passé n'éclairant plus l'avenir, l'esprit marche dans les ténèbres[11] ». Mais, plus encore, nous devons admettre que cette société du spectacle qui désorganise notre regard a plus d'impact sur ceux qui font métier des idées, des débats et de la réflexion que sur les millions de nos contemporains qui ont une expérience quotidienne et douloureuse de ce monde dont on parle. Autrement dit, ceux-ci « défragmentent » au jour le jour la belle architecture conceptuelle des débats officiels, des plateaux

---

11. Alexis DE TOCQUEVILLE, *La Démocratie en Amérique*, 1835.

de télévision, des controverses intellectuelles et des discours d'autorité.

L'intellectualité populaire de la mondialisation échappe aux « faiseurs d'opinion » et à leurs éléments de langage. Ce divorce est même à l'origine d'une décrédibilisation de masse de tous les discours d'autorité et cette méfiance globale se cherche dans le plus grand désordre des références critiques et un discours alternatif. Tel est bien l'objet principal des forums ininterrompus des places occupées, de Tahrir à Syntagma, de Maidan à Taksim, de Wall Street à la Puerta del Sol. Mais si cette défragmentation est mondiale, elle se fait globalement sans boussole.

La fin des grands récits annoncée par Jean-François Lyotard[12] s'est réalisée. Elle atteint les récits des pouvoirs comme les récits de ceux qui les contestent. Tout l'appareillage intellectuel que nous avons hérité du XXe siècle, celui des cosmogonies politiques, du sens de l'histoire, de la dialectique totalisante des antagonismes et de la lutte des classes, ne nous est pas d'un très grand secours. La fin de la modernité nous laisse ainsi orphelins d'une mise en ordre rationnelle et polémique du flux ininter-

12. Jean-François LYOTARD, *La Condition postmoderne. Rapport sur le savoir*, Minuit, Paris, 1979.

rompu des événements et des drames. Il nous faut accepter « qu'un faisceau de ténèbres provient de notre temps[13] ».

Il faut donc aller à l'écoute de ce monde et parfois aller travailler loin pour, au retour, mieux comprendre ce qui se passe à notre porte. Des enquêtes menées à Porto Alegre, à Rio ou à Dakar, les échanges avec des chercheurs chinois, québécois, américains, italiens, espagnols, les travaux de mes doctorants sur la Tunisie, l'Égypte, la Côte d'Ivoire ou la Chine m'ont ainsi été d'un grand secours pour mieux lire la situation française.

Il nous faut aujourd'hui entendre ce qui, dans des continents différents, dans des situations nationales différentes, relie des subjectivités les unes aux autres, ce qui fait écho sinon sens commun en dehors des récits institutionnels et de leur art de la fragmentation. La mondialisation n'est pas que financière. Elle est aussi informationnelle et culturelle. Elle travaille les consciences en profondeur, loin des scènes officielles et de leurs projecteurs.

Ce que propose cet ouvrage est le récit modeste d'un observateur attentif, depuis plus de trente ans, aux incertitudes et aux angoisses des invisibles du

---

13. Giorgio AGAMBEN, *Qu'est-ce que le contemporain ?*, Payot, Paris, 2008, p. 22.

monde urbain mondialisé. Il s'agit de relier patiemment quelques pièces du puzzle avec les indications laissées ici et là par ceux-là mêmes qui le vivent avec le plus d'intensité : les habitants des favelas de Rio, ceux de la banlieue de Dakar, les migrants squatters à Saint-Denis, les Rroms à l'errance imposée, les lycéens qui brûlent des voitures. Ce récit partiel dessine déjà les contours d'une mondialisation sans boussole politique et d'un pays, la France, singulièrement perdu dans son propre temps. Il dessine les contours d'une situation globale où toutes les conditions sont réunies pour que des quêtes individuelles de sens de la vie et du monde rencontrent l'offre politique très contemporaine que constitue aujourd'hui le djihad.

D'autres voies sont peut-être possibles qu'il s'agira d'identifier. Les meurtriers candidats au martyre, « sans pitié ni crainte », comme disait Jacques Lacan, apparaîtront alors pour ce qu'ils sont : les enfants perdus du chaos provoqué par une mondialisation dévastatrice.

1

Fractures françaises

> « On voudrait pouvoir dire ce dont il s'agit, mais tout ce qui, auparavant, a été dit à propos d'Aglaurée emprisonne vos mots et vous oblige à répéter plutôt qu'à dire. »
>
> Italo CALVINO, *Le Città invisibili*, 1972.

Par deux fois en 2015, Paris est devenu dramatiquement la capitale du monde. Le 11 janvier, plus d'une cinquantaine de chefs d'État, de gouvernement et d'institution internationale ont manifesté avec des millions d'anonymes derrière les familles et les proches des seize victimes des attentats meurtriers des 7 et 9. Le 14 novembre, Brasilia, Rio de Janeiro, Londres, Washington, New York, Madrid, Santiago du Chili et bien d'autres villes arborent dans la nuit les couleurs de la France, tandis que d'innombrables manifestations marquent leur solidarité après le carnage de Paris et Saint-Denis la veille au soir. Ni les morts de Beyrouth le 12 novembre, ni ceux de l'avion russe détruit le 31 octobre en Égypte, ni les victimes des attentats d'Ankara le 31 octobre, de Sousse le 26 juin ou du musée du Bardo le 18 mars n'ont à ce point mobilisé le monde. Si le drapeau tunisien a bien flotté sur l'Hôtel de Ville de Paris en mars, nulle capitale n'a pavoisé aux couleurs du Liban, de la Russie ou de la Turquie à la suite des attentats qui ont endeuillé ces pays.

Tous s'accordent pour localiser le cœur de la tourmente quelque part entre Mossoul, Alep et Rakka, à cheval sur deux pays détruits. L'un, la Syrie, par une guerre menée par le gouvernement contre son propre peuple depuis 2011 ; l'autre, l'Irak, par l'intervention américaine en 2003 qui a organisé la destruction de l'État et la confessionnalisation du pouvoir[1]. L'État islamique s'est construit sur ce double effondrement dans une région durablement déstabilisée par le brasier israélo-palestinien. Mais on sait que ce cyclone régional, qui vient de loin, puise depuis peu ses forces dans la jeunesse de quatre-vingt-deux pays dans le monde. On sait

1. Voir : Pierre-Jean LUIZARD, *Le Piège Daech. L'État islamique ou le retour de l'Histoire*, La Découverte, Paris, 2015 ; Nicolas HÉNIN, *Jihad Academy*, Fayard, Paris, 2015 ; et Jean-Pierre FILIU, *Les Arabes, leur destin et le nôtre. Histoire d'une libération*, La Découverte, Paris, 2015.

que l'État islamique, en atomisant ce qui reste d'Al-Qaida, est en mesure de rassembler les forces djihadistes de tous les continents, bien au-delà du Nigéria, de la Libye, de l'Algérie ou de la Tunisie. Le drapeau noir flotte par exemple régulièrement sur les manifestations nationalistes du Cachemire indien. Al-Qaida était un réseau terroriste. L'État islamique est devenu une puissance de guerre et de terreur à l'échelle mondiale dont la capacité de nuisance est aussi politique que meurtrière.

Le malaise français

Cette « tempête », pour reprendre le mot même de l'État islamique dans sa revendication des massacres du 13 novembre 2015, entretient un rapport singulier avec la France. Dans ce rapport, son passé colonial dans cette région du monde entre en ligne de compte, tout comme son intervention au sein de la coalition et ses bombardements en Irak dès le 20 septembre 2014 (opération « Chammal »), puis en Syrie après le 27 septembre 2015. Amedy Coulibaly, en janvier, et les kamikazes du Bataclan, en novembre, ont évoqué haut et fort cette intervention pour justifier leurs meurtres.

Mais ce rapport est plus ancien, plus profond, presque plus intime. Si la France est aujourd'hui en première ligne sur son propre sol plus que d'autres pays de la coalition (à commencer par les États-Unis), c'est que l'État islamique dispose en France même d'un potentiel de candidats au martyre plus important qu'ailleurs. On sait qu'après la Tunisie, l'Arabie saoudite et le Maroc, la France était en 2014 à peu près à égalité avec la Russie pour la présence de ses ressortissants sur les champs de bataille syriens[2]. Notre pays fait face à des monstres qu'il a lui-même contribué à créer.

En juillet 2014, un institut de sondages britannique, ICL Research, a procédé à une enquête européenne à la demande de l'agence de presse russe Rossiya Segodnya. Il s'agissait de mesurer la sympathie dont pouvait alors bénéficier le tout nouveau califat dans trois pays : la France, le Royaume-Uni et l'Allemagne[3]. La publication du sondage en Russie fut ensuite relayée par *Newsweek* puis par plusieurs journaux et médias français (*Marianne*, *L'Express*, FranceTV info, *Arrêt sur image*...). Trois mille per-

2. Richard BARRETT, *Foreign Fighters in Syria*, juin 2014, <url.ca/o9dp4>.

3. Kathryn CHAMBERLAIN, « ISIS poll for Rossiya Segodnya », ICMUnlimited, 19 août 2014, <url.ca/o9ucx>.

sonnes avaient été interrogées selon les méthodes habituelles et sur des questions de base : avez-vous une opinion « très favorable », « assez favorable », « assez défavorable » ou « très défavorable » de « l'État islamique en Irak et au Levant, aussi connu sous le nom d'ISIS ».

Les résultats méritaient sans doute plus de réflexion que l'instrumentalisation pure et simple (par l'extrême droite) ou la mise en doute méthodologique (par les autres). Les sondés en France ont répondu pour 3 % qu'ils avaient une opinion très favorable et pour 13 % assez favorable[4]. La question n'est évidemment pas de savoir, comme cela a été avancé en additionnant ces deux résultats, s'il y a ou non 16 % de djihadistes potentiels en France. Celle qui se pose vraiment est : pourquoi et comment, dans un pays comme la France, l'horreur djihadiste bénéficiait-elle alors d'un capital virtuel de sympa-

4. Résultats publiés :

	France	Royaume-Uni	Allemagne
Très favorable	3	2	0
Assez favorable	13	5	2
Assez défavorable	31	20	28
Très défavorable	31	44	54
Ne connaît pas	23	29	16

thie à ce point supérieur à celui de ses voisins ? Comme toutes les questions qui dérangent, celle-ci ne fut pas vraiment posée, ni surtout vérifiée ou infirmée de façon sérieuse. Pire, selon Russia Today, la somme des « assez » et « très favorable » atteignait 27 % des 18-24 ans en France[5].

Certes, le passage à l'acte s'inscrit dans des parcours individuels : il cristallise toujours des fragilités et des souffrances dont on peut faire l'analyse, l'inventaire et la cartographie[6]. Ceux qui s'attachent aujourd'hui à dialoguer avec des candidats à la *hijra*[7], ou avec ceux qui en reviennent, pour les ramener dans le monde des vivants donnent à voir la complexité des itinéraires individuels. Mais nous n'avons pas pris la mesure historique, politique et culturelle de ce qui donne un sens collectif aux passages à l'acte.

Cette situation est d'autant plus difficile à concevoir que le grand récit historique national la situe aux antipodes de cette barbarie contemporaine.

---

5. On ne dispose pas de la répartition entre assez et très favorable pour cette tranche d'âge (voir « 15 % of French people back ISIS militants, poll finds », Russia Today, 18 août 2014, <url.ca/o9udg>).

6. Voir notamment Farhad KHOSROKHAVAR, *Radicalisation*, *op. cit.*

7. L'exil (l'hégire du Prophète Mohammed) ; désigne le départ pour un pays musulman.

La France aime à se poser en championne des valeurs universelles de la modernité, ciselées par la Révolution de 1789 et préparées par les Lumières. Elle en a, en effet, été une des figures majeures, non sans zones d'ombre coloniales, durant deux siècles. Elle est donc plus durement touchée, en son cœur populaire comme chez ses intellectuels, par la crise actuelle de la modernité et de ses valeurs que nous aurons l'occasion de détailler dans les chapitres qui suivent : crise de l'État, crise de la démocratie, crise de la politique. Et le retour du refoulé, notamment colonial, est dévastateur.

Telle est sans doute une des clefs de ce désarroi national. Cette époque est nouvelle et le basculement a été brutal. Un pays qui fut un des creusets historiques de la révolution, de la république et des sciences sociales l'aborde avec un outillage culturel, politique et savant éprouvé par des décennies d'expérience. Mais ce riche patrimoine nous a été transmis par une époque désormais close : celle où nous avons grandi, appris et espéré. Rien d'étonnant donc à ce que la politique ou les sciences sociales continuent à mobiliser une pensée et un vocabulaire anciens de plus en plus inefficaces. Classes, révolution, république sont encore très présents dans les discours et les analyses. Ce télescopage entre une époque nouvelle et l'intellectualité de l'époque qui l'a précédée est lourd de conséquences.

Car les mots inactuels se vengent du monde qui ne les entend plus. Ils changent de sens, retournent des subjectivités en leur contraire, déclarent incompréhensible ce qui fait sens pour les nouvelles générations, transforment en instruments de domination les modèles libérateurs du passé et, tandis qu'on pleure sans fin la république et la lutte des classes disparues, les mobilisations populaires réelles défient toute tentative d'identification simplificatrice. Le peuple, la république et la laïcité en ont fait les frais ces dernières années.

Le peuple disloqué

Les émeutes d'octobre-novembre 2005 ont été un signal d'alarme puissant que bien peu ont voulu entendre. En octobre 2015, lors du dixième anniversaire de ces événements, alors même que la France s'était déjà trouvée sous le regard effaré du monde entier, la tonalité générale des débats a montré à quel point on peut s'obstiner à qualifier de « simple » problème social et urbain ce qui fut le symptôme d'une crise politique profonde et d'une rupture majeure du récit républicain.

Où est donc passé ce peuple magnifié par Jules Michelet dans son livre de 1846, ce « droit de l'instinct des simples », cette « inspiration des foules », ces « voix naïves de consciences » qu'il considérait comme la « profonde base de la démocratie[8] » ? La gauche française arrivée au pouvoir en son nom en mai 1981 va, dès les premières semaines, contribuer à sa dislocation symbolique. Elle ne voit ni « instinct des simples » ni « inspiration des foules » dans les affrontements qui éclatent dans le quartier des Minguettes à Vénissieux durant l'été. Et quand le peuple réel ne correspond pas au peuple rêvé, c'est le peuple réel qui a tort.

Exit la banlieue rouge, bastion de la lutte des classes. Bienvenue à la banlieue tout court, son malaise, sa crise, sa violence et sa nouvelle géographie institutionnelle. Le « développement social des quartiers » (DSQ) préfigure ce qui deviendra la « politique de la ville ». Une partie du peuple perd son statut de « profonde base de la démocratie » (*a fortiori* de la république) pour se voir imposer un statut dérogatoire à la république, une discrimination dite « positive » qui a marqué une génération, sinon deux. Ceux qui ont grandi dans les quartiers labellisés DSQ

---

8. Jules MICHELET, *Le Peuple*, 1846 ; introduction à l'édition de 1865.

puis DSU (développement social urbain) mettront le feu en octobre 1990 à Vaulx-en-Velin, puis en 1991 à Sartrouville (mars) et Mantes-la-Jolie (mai). Dans les trois cas, la mort d'un jeune détermine l'incendie, comme en octobre-novembre 2005 quand leurs enfants ou leurs petits frères mettent cette fois-ci le feu aux voitures dans la France entière.

Mais, pour certains désormais, cette partie du peuple n'est plus le peuple et le Front national n'est pas le seul à le dire. La banlieue ne serait pas tout à fait la France, les « immigrés de deuxième (troisième et pourquoi pas quatrième) génération » ne seraient pas tout à fait français. Et l'émeute n'est donc pas une révolte légitime. Le processus de dislocation est multidimensionnel. Il est territorialisé avec la mise en place des « zones sensibles » en 1996. Il est marqué par l'origine nationale : la catégorie de migrants est introduite dans les statistiques de l'INSEE en 1987. Il permet la diabolisation des « violences urbaines » et l'identification de « nouvelles classes dangereuses[9] ». La confessionnalisation contemporaine et l'assignation à l'islam ne sont que la dernière étape d'un processus déjà long.

---

9. Stéphane BEAUD et Michel PIALOUX, *Violences urbaines, violence sociale. Genèse des nouvelles classes dangereuses*, Fayard, Paris, 2003.

Plus de vingt ans après la marche des Beurs et l'élan de « Touche pas à mon pote », des jeunes meurent encore dans l'indifférence et l'impunité. En 2003, Mourad, qui fuyait les gendarmes du Gard, est tué de dix-sept balles : il avait dix-sept ans. En octobre 2005, trois jeunes poursuivis par la police se réfugient dans un transformateur à Clichy-sous-Bois. Zyed et Bouna, dix-sept et quinze ans, y trouvent la mort. En novembre 2007, la moto de Moushin et Laramy, quinze et seize ans, heurte une voiture de police à Villiers-le-Bel. Les deux adolescents meurent sur le coup. La responsabilité des forces de l'ordre a toujours été mise hors de cause. Et la réaction de rage des amis des victimes, de leurs proches, de leur quartier a toujours été quasi unanimement condamnée, et même condamnée en justice. Quelle voix s'élève pour comprendre l'émeute qui éclate au Valdegour à Nîmes en mars 2003, à Clichy en octobre 2005, à Villiers-le-Bel en 2007 ?

Il semble plus urgent de condamner l'incendie d'une voiture que la mort d'un adolescent. Alors la rage déborde. Les soirs des 27, 28 et 29 octobre 2005, il n'y a que Clichy qui flambe. Mais, jour après jour, l'absence de compassion institutionnelle et le consensus républicain contre la violence allument un incendie national auquel la France politique assiste sans comprendre. Ce mouvement profond va durer trois semaines. Il n'avait qu'un rapport lointain avec les images de guerre passées en boucle dans les médias. Les affrontements directs avec la police ont été rares. Mais les voitures ont brûlé partout dans le pays. Il a flotté dans les nuits de ces quartiers une atmosphère étrange, indescriptible, décalée. Face aux flammes de la colère, la référence consensuelle à la république a fonctionné comme une injonction au silence qui a mis cette génération – et éventuellement ses parents – au ban du peuple officiel. Lorsque le mouvement prend fin à la mi-novembre, dans les milieux politiques, la volonté de tourner la page l'a unanimement emporté sur la réflexion collective.

Cette réflexion aurait pourtant été salutaire quand, quelques semaines plus tard, d'étranges incidents ont émaillé la mobilisation de la jeunesse scolarisée contre le « contrat première embauche » lancé par le gouvernement de Dominique de Villepin le 16 janvier 2006. Le mouvement, qui commence le 7 février et se poursuit jusqu'à la fin mars, est caractérisé par une détermination rare : blocage des universités, des gares, de nœuds autoroutiers. Il obtient la non-application d'une loi pourtant votée le 2 avril. Mais le début du mouvement est marqué par un autre phénomène : les manifestations parisiennes sont perturbées, voire violemment agressées, par des groupes de jeunes venus des quartiers populaires. Lors de la première manifestation étudiante à caractère national du 23 mars, on assiste à des scènes d'une grande violence à l'arrivée du cortège place des Invalides. Le 28 mars, la manifestation à Paris défile sous la protection de la police. Lors de la dispersion, les forces de police collaborent avec des services d'ordre syndicaux auxquels le ministre de l'Intérieur, Nicolas Sarkozy, ne manque pas de rendre hommage. Cette fracture entre deux jeunesses en colère n'était pas anecdotique. Neuf ans plus tard, le 13 novembre 2015, ces étudiants sont devenus les jeunes diplômés trentenaires cibles des djihadistes au Bataclan, rue de Charonne ou rue de la Fontaine-au-Roi. Qui a semé autant de haine ?

Qui se demande aujourd'hui ce que sont devenus les jeunes incendiaires de 2005 ? Combien ont poursuivi leur scolarité ? Combien sont au chômage ? Combien ont été quotidiennement victimes de contrôles au faciès ? Combien ont été incarcérés, à tort ou à raison ? Quels sentiments peuvent-ils avoir à l'égard d'une république qui a méprisé jusqu'à leur colère ? Qu'est devenue leur rage ? Pense-t-on qu'il suffit de détourner le regard comme on efface un mauvais souvenir ? Pense-t-on que la dénégation fait disparaître les problèmes ? « Il n'y a pas eu d'émeutes urbaines sous le quinquennat de Nicolas Sarkozy », a annoncé sans rire Brice Hortefeux sur BFM TV le 17 août 2012. L'énormité du propos n'a d'égale que le silence politique qui l'a suivi. Il a osé le dire devant un journaliste peu réactif, alors qu'on peut répertorier au moins cent trente-sept affrontements et émeutes en France durant cette période. Mais surtout, il a osé le dire sans être immédiatement contredit, sans que ses propos fassent scandale dans l'espace public. L'aveuglement collectif est général, il ignore le clivage gauche-droite.

Ce peuple-là est devenu invisible et son « malheur » n'est plus qu'un « reste muet de la politique », comme le disait Michel Foucault[10]. Comment peut-il encore dans ces conditions « fonder un droit absolu à se lever et à s'adresser à ceux qui détiennent le pouvoir[11] » ? Ce peuple-là est sorti depuis quelque temps déjà des radars de la gauche politique. Le peuple de Michelet ainsi disloqué ne fonde plus ni droit ni espérances.

10. « Le malheur des hommes ne doit jamais être un reste muet de la politique. Il fonde un droit absolu à se lever et à s'adresser à ceux qui détiennent le pouvoir » (Michel FOUCAULT, « Face aux gouvernements, les droits de l'homme », *Dits et écrits*, tome 4, Gallimard, Paris, 1994, p. 708).

11. *Ibid.*

La laïcité punitive

« La plupart de ces jeunes sont des Noirs ou des Arabes avec une identité musulmane. [...] Il est clair qu'il s'agit d'une révolte avec un caractère ethnico-religieux », avait alors affirmé Alain Finkielkraut[12], anticipant sur la confessionnalisation générale de la question sociale et le nouvel usage de la laïcité qui se sont imposés depuis dans le débat public.

C'est au Lycée Henri-Wallon d'Aubervilliers, par une fin d'après-midi d'octobre 2003, que j'ai pu éprouver la confusion qui commençait à régner en la matière. Avec Mouloud Aounit, alors président du MRAP (Mouvement contre le racisme et pour l'amitié entre les peuples), j'accompagnais un vieil ami dans une épreuve personnelle devenue un symbole politique national. Laurent Lévy, ancien militant du PCF, était très actif dans les réseaux en quête de refondation communiste et nous travaillions à l'époque à la constitution d'une liste des mouvements sociaux pour les élections régionales de 2004. Un jour, Laurent m'avait envoyé ce mail sibyllin : « Ça y est, mes filles se sont transformées en œufs de Pâques... » J'ai vite compris qu'Alma et Lila, jeunes filles brillantes nées de la rencontre

12. Entretien au quotidien israélien *Haaretz*, 19 novembre 2005.

de Laurent, « juif athée » comme il aime le dire, et d'une mère d'origine kabyle, « plutôt musulmane mais cela dépend des jours[13] », avaient décidé, ensemble, de se couvrir la tête d'un foulard.

Comme elles s'en expliqueront dans les entretiens accordés à Véronique Giraud et Yves Sintomer[14], cette conviction adolescente toute neuve s'est construite de façon personnelle, par lectures, tâtonnement et bricolages, à la grande stupéfaction de leurs deux parents. Les deux sœurs se procurent plusieurs Coran pour comparer les traductions et s'éloignent bien vite des associations religieuses qui leur paraissent trop sectaires. Nous étions très loin du djihad salafiste. D'ailleurs, dans un premier temps, un accord est trouvé avec la direction de l'établissement. Un pull à col roulé, un bandana et deux épingles satisfont pleinement les deux sœurs dans leur volonté de cacher leur chevelure. La rentrée 2003 s'annonçait apaisée.

La mobilisation militante de certains enseignants membres de Lutte ouvrière en a décidé autrement. Dès les premiers jours, ces derniers mènent une campagne acharnée pour des sanctions immédiates,

---

13. Selon Lila, *in* Alma et Lila LÉVY, *Des filles comme les autres. Au-delà du foulard*, entretiens avec Véronique Giraud et Yves Sintomer, La Découverte, Paris, 2004, p. 46.

14. *Ibid.*

appuyés par le journal de leur organisation où on lit le 25 septembre : « Eh bien, nous, nous approuvons les enseignants qui ont le courage de défendre cette position et nous souhaitons qu'il y en ait beaucoup dans ce pays. Et d'ailleurs, les enseignants ne devraient pas avoir besoin d'une excuse, pas besoin de se réfugier derrière une loi, leur vocation d'enseignant, leur conscience devraient suffire[15]. » Ce vendredi 10 octobre, dans le huis clos du conseil de discipline, un autre militant, Pierre-François Grond, dirigeant de la Ligue communiste révolutionnaire et enseignant de l'une des deux sœurs, participe activement à la décision finale : l'exclusion définitive d'Alma et Lila. Ce « définitif » a pris tout son sens : n'ayant été acceptées dans aucun autre établissement, elles ont été déscolarisées, se sont mariées, sont devenues mères au foyer.

Voilà le résultat concret d'une mobilisation discriminatoire menée au nom de la « préservation du service public, laïque d'éducation et du droit de nos élèves à ne pas subir des pressions pour porter le voile[16] ». La porte est ouverte à la loi de 2004

15. Sophie GARGAN, « Le voile à l'assaut des écoles », *Lutte ouvrière*, 25 septembre 2003, <url.ca/o7qzd>.

16. Anne LAFRAN, Marc DELVAL, Pierre-François GROND, Rémi DULOQUIN, Jean-Pierre HENNUYER (enseignants à la cité

interdisant le voile à l'école. Pierre-François Grond et ses collègues ont bien déclaré y être opposés. Mais qui donc a ouvert la boîte de Pandore ? J'ai croisé le regard de Pierre-François Grond à la sortie du conseil de discipline. J'en garde le souvenir fulgurant de l'absolue sincérité de l'exaltation de sa victoire.

L'assaut a été mené, au nom de la gauche – voire de la révolution –, d'une conception de la libération imposée aux victimes. La république la plus sociale se retourne contre ses enfants, contre ses élèves. Le ton avait été donné dès 1989 par une tribune publiée dans *Le Nouvel Observateur*, où se côtoyaient les signatures d'Élisabeth Badinter, Régis Debray et Alain Finkielkraut, intitulée « Profs, ne capitulons pas ». Cette lettre au ministre de l'Éducation nationale fustigeait le « Munich de l'école républicaine » que constituait à leurs yeux le refus d'exclure les élèves voilées, car « la laïcité a toujours été un rapport de forces ».

Telle est la vengeance d'un mot, la laïcité, principe essentiel de liberté de conscience et de tolérance, patrimoine de la gauche républicaine, brusquement devenue un principe de répression dont se sont depuis saisies la droite et l'extrême droite. Nicolas

scolaire Henri-Wallon d'Aubervilliers), « Une exclusion assumée », *Libération*, 22 octobre 2003, <ur1.ca/o7r0t>.

Sarkozy a pu ainsi passer de l'éloge de la chrétienté européenne à la laïcité pure et dure et le Front national de Jeanne d'Arc à la laïcité des cantines scolaires. Une étrange laïcité qui n'a plus grand-chose à voir avec le principe libérateur de 1905 et qui mobilise désormais dans un spectre politique assez large aussi bien le mouvement d'extrême droite Riposte laïque (venu de la « gauche républicaine ») que la publiciste « de gauche » Caroline Fourest ou Éric Ciotti, le député très à droite des Républicains des Alpes-Maritimes. Cette singulière et très réductrice conception de la laïcité ne s'impose plus aux pouvoirs politiques ou religieux, mais aux gens eux-mêmes. Elle prétend viser toutes les croyances, mais s'en prend prioritairement en France à celle des plus faibles, l'islam.

Cette « laïcité falsifiée », selon le mot de Jean Baubérot[17], est devenue paradoxalement le nom d'une confessionnalisation étatique des classes populaires les plus discriminées, d'une injonction disciplinaire qui parachève la dislocation entamée en 1981 et décrédibilise la république comme principe de rassemblement national.

---

17. Jean BAUBÉROT, *La Laïcité falsifiée*, La Découverte, Paris, 2012.

Charlie déboussolé

« Le communautarisme, voilà l'ennemi » : ce slogan serait-il devenu l'équivalent contemporain du fameux « Le cléricalisme, voilà l'ennemi » de Gambetta à la tribune de l'Assemblée nationale le 4 mai 1877 ? Pas uniquement. Le slogan d'autrefois a eu d'autres émules, plus enclins à la dénonciation de la religiosité et de l'« opium du peuple » qu'à la démonstration sociétale. Les actions coups de poing des Femen sont un exemple éclatant du maintien de cette tradition d'affrontement. Il faut avouer que se confronter à l'Église orthodoxe et ses liens avec les pouvoirs en Europe de l'Est n'est pas une mince affaire. Pour avoir chanté et manifesté en février 2012 contre Poutine dans la cathédrale moscovite du Christ-Sauveur, les Pussy Riot ont été poursuivies pour blasphème et ont même inspiré un durcissement de la législation en la matière dans leur pays. En France, où le délit de blasphème a été aboli en 1791, bien avant les lois laïques, la situation est un peu différente[18].

18. De fait, dans le monde, la législation spécifique condamnant le blasphème, distincte des lois générales sur la diffamation, est loin d'être majoritaire. Elle n'existe que dans 32 pays (dont huit en Europe) sur 198 (voir Brian J. GRIM, « Laws penalizing blasphemy,

Dans la France des années 1960 et 1970, la culture d'une génération (la mienne) qui s'était fait fort de pouvoir tout « contester » enracine une sorte de réactualisation du combat gambettiste sur un registre humoristique et bon enfant. Cette nouvelle tradition pour laquelle rien ne peut être sacré a été portée par les équipes de *Hara Kiri* puis du premier *Charlie Hebdo*, disparu en 1982. Cette posture générationnelle et talentueuse a traversé les décennies sans voir le monde passer. C'est pourquoi nous les aimions, même s'ils nous agaçaient. C'est pourquoi nous leur pardonnions parfois ce que bien d'autres avaient du mal à encaisser.

Le nouveau *Charlie Hebdo* relancé en 1992 a été la butte témoin d'une culture générationnelle qui vieillit et qui adresse à son époque et au monde entier des messages d'un autre temps. Il y a en effet des années-lumière entre le fameux « Bal tragique à Colombey, un mort », commentant la mort de De Gaulle en 1969, et l'humour récurrent des années 2000 et 2010 aux dépens de la religion qui se trouve être, en France, non celle des puissants mais celle des dominés, des plus discriminés. Il y a aussi des années-lumière entre les effets d'un petit

---

apostasy and defamation of religion are widespread », Pew Research Center, Washington, 21 novembre 2012, <url.ca/o7r60>).

tabloïd francophone dans la France de De Gaulle et Pompidou et ceux de n'importe quelle image dans le monde surconnecté d'aujourd'hui. Ce qui fait rire à Orléans, mais pas forcément à Saint-Denis, peut soulever des foules à Niamey ou à Grozny. Ce qui est menacé d'amende, voire de censure à Paris peut mettre des vies en danger à l'autre bout du monde… ou à Paris.

Conscients des menaces ? Protégés ? Qui avait vraiment pris la mesure de l'enjeu symbolique mondial qui se jouait là, au point que les assassins n'ont même pas eu besoin de donneurs d'ordre ? Car la question qui se pose n'était pas, et n'est toujours pas, de savoir si on peut ou non caricaturer le Prophète Mohammed. Elle est celle de la finalité que l'on donne à l'humour sur le sacré et à la caricature du divin là où la loi nous permet de le faire. Gambetta avait un objectif limité et précis : faire reculer l'influence du clergé catholique dans la politique française. L'enjeu religieux est aujourd'hui mondial et nécessite sans doute un minimum de stratégie. C'est à cette échelle que le drame s'est noué. Des pièces du puzzle se sont alors encastrées les unes dans les autres.

Nous avons été sidérés, choqués. Pour tenter de faire le deuil, il était nécessaire de construire un autre récit que celui des meurtriers. Celui-ci s'est d'abord fait à la première personne : « Je suis *Charlie* » n'est pas d'emblée un « nous ». Le nous ne préexiste pas au désarroi, il se construit dans le partage de l'émotion et dans les rassemblements. Voilà pourquoi il fut idéologiquement plastique et manipulable.

Ce récit s'est construit prioritairement autour de « *Charlie* ». Alors qu'il y a eu trois catégories de victimes, distinctes dans l'esprit des assassins : les « mécréants » (ceux de *Charlie Hebdo*), les juifs (tués dans le supermarché Hypercacher) et les « croisés » (la policière de Montrouge et le policier du XIe arrondissement). Mohammed Merah s'en était déjà pris aux juifs et aux « croisés » sans susciter autant d'émotion. Et gageons que si Coulibaly avait agi seul et si les frères Kouachi n'avaient pas attaqué *Charlie*, la mobilisation n'aurait pas été la même. Quelque chose s'est noué autour de l'attaque d'un journal peu connu et peu lu, devenu plus sûrement le symbole d'une liberté collective que ne l'aurait peut-être été un autre organe de presse ayant beaucoup plus pignon sur rue. Sans le savoir, au-delà de leurs cibles « religieuses », les assassins s'en sont pris également à une butte témoin de la France des années 1960 et 1970, à des souvenirs d'enfance et de jeunesse de plusieurs générations, aux dernières traces d'une révolte juvénile d'un autre âge. Car, pour une part, comme l'ont dit des collégiens à leurs enseignants, on a aussi assassiné des « papys ». Mais cette image un peu nostalgique d'une tradition non conformiste était loin de concerner tout le monde. Pour d'autres, en effet, dominait le souvenir plus récent d'un hebdomadaire devenu conformiste dans sa façon de prendre les musulmans pour cible de sa satire et pas seulement dans la caricature du Prophète[19].

L'« esprit du 11 janvier » ou l'impossible consensus

La centralité de *Charlie Hebdo* et sa promotion comme nouveau symbole national de la liberté a donc eu un effet lourd. Cela a rendu impossible un vrai consensus national dans l'émotion. Les incidents autour de la « minute de silence » gouvernementale du 8 janvier à midi ont ainsi révélé les effets d'années de dislocation du « peuple » de Michelet et de confessionnalisation stigmatisante de la situation des plus démunis. Lors des quelques incidents dont

19. Voir à ce propos la tribune d'un ancien du journal : Olivier CYRAN, « *Charlie Hebdo*, pas raciste ? Si vous le dites… », *Article 11*, 5 décembre 2013, <ur1.ca/o7reo>.

on a eu le récit, les collégiens et lycéens français réfractaires à la « minute de silence » étaient, pour la plupart, très jeunes : quatorze et quinze ans dans une classe de quatrième de Castelsarrasin[20], une fillette de dix ans à Montauban[21], deux garçons de quatorze et seize ans à Saint-Denis[22]... Puisque les journalistes assassinés de *Charlie* les avaient insultés, disaient-ils en substance, ils ne pouvaient leur rendre hommage. Il y avait beaucoup de colère dans les propos rapportés par les enseignants qui ont pris le temps d'engager un dialogue. Une colère lourde, longue, grave.

Plutôt que d'entendre le malaise qui s'exprimait alors, le ministère de l'Éducation nationale a minimisé les « incidents », joué des effets de menton et d'autorité, bref ajouté le mépris au contentieux. Les collégiens et lycéens ont été au sens propre « réduits au silence », soumis à l'opprobre général, voire judiciarisés. On est ainsi passé de l'émotion partagée à l'émotion obligatoire. La communion apparemment

---

20. Max LAGARRIGUE, « Incidents lors de la minute de silence dans les écoles tarn-et-garonnaises », *La Dépêche du Midi*, 16 janvier 2015, <ur1.ca/o7roo>.

21. *Ibid.*

22. « On ne va pas se laisser insulter par un dessin du Prophète, c'est normal qu'on se venge », *FranceTVinfo*, 9 janvier 2015, <ur1.ca/o7rrd>.

sans frontière idéologique s'est accompagnée d'une violente intolérance vis-à-vis de tout autre discours, au risque d'élargir encore le ressentiment, la recherche d'autres repères. La jeunesse donne sans doute le culot de dire des désaccords que nombre d'adultes ont préféré taire sur l'instant. Rares ont été ceux qui se sont alors exprimés publiquement, comme l'économiste Frédéric Lordon[23] ou les signataires du texte « Non à l'union sacrée », publié le 15 janvier[24].

Notre pays est vieux et semble un peu perdu dans son siècle. Comme d'autres, il ne reconnaît pas ses propres enfants. Est-il vraiment raisonnable alors de donner encore au monde des leçons d'universalisme ? De porter haut et fort le drapeau du « devoir de blasphème » ? Regardons-nous parfois dans les miroirs que ce monde nous tend. La remise, le 28 avril 2015, du « prix du courage » à l'hebdomadaire français par le PEN American Center a déclenché un petit scandale dans le milieu littéraire anglo-saxon. La cérémonie a été boycottée par les Américains Francine Prose, Rachel Kushner et Teju Cole, l'Australien Peter Carey, le Canadien Michael Ondaatje, auteur

23. Frédéric LORDON, « Charlie à tout prix ? », *Le Monde diplomatique*, 13 janvier 2015, <url.ca/o7ry2>.

24. Ludivine BANTIGNY *et alii*, « Non à l'union sacrée », *Le Monde*, 15 janvier 2015, <url.ca/o7rw1>.

du *Patient anglais*, et la Britannique Taiye Selasi. Tous refusaient d'accorder à la ligne éditoriale du journal « admiration et respect ». La polémique qui s'est ensuivie a été violente et les « *I am not Charlie* » ont bientôt été rejoints par plus de deux cents auteurs qui ont affirmé ensemble « qu'il y a une différence essentielle entre soutenir résolument l'expression qui viole l'acceptable, et récompenser avec enthousiasme une telle expression[25] ». Peter Carey dénonce alors l'« arrogance culturelle des Français qui ne reconnaissent pas l'obligation morale qu'ils ont à l'égard d'une part conséquente et vulnérable de leur population ». En août 2015, le journaliste George Packer livre au *New Yorker* une enquête titrée « L'autre France. Les banlieues de Paris sont-elles des viviers du terrorisme ? », qui conforte le constat[26]. Et le Britannique Sudhir Hazareesingh souligne quant à lui le « néoconservatisme républicain, frileux et nombriliste » qui émerge « chez les intellectuels français[27] ».

---

25. Texte de la lettre et liste complète des signataires disponibles en ligne : Glenn GREENWALD, « 204 PEN writers (thus far) have objected to the *Charlie Hebdo* award, not just 6 », *The Intercept*, 30 avril 2015, <ur1.ca/o7v0l>.

26. George PACKER, « The other France. Are the suburbs of Paris incubators of terrorism ? », *The New Yorker*, août 2015.

27. Sudhir HAZAREESINGH, *Ce pays qui aime les idées*, Flammarion, Paris, 2015.

Le piège se referme

Le slogan « Je suis *Charlie* » a-t-il été le nom d'une imposture[28] ? Difficile de réduire ainsi l'émotion et la sincérité des foules mobilisées entre le 7 et le 11 janvier. Mais l'émotion et la sincérité des présents n'ont pas rendu compte du malaise des absents. Le consensus affiché a refusé de regarder les fractures silencieuses. Ces foules innombrables, réunies par l'émotion derrière les puissants de ce monde, ont sans doute fondé une posture nationale que le gouvernement a vite fait d'estampiller « esprit du 11 janvier ». Il était difficile alors de faire entendre une autre voix. Cet « esprit du 11 janvier » a porté une sorte de dénégation collective, un mélange de certitudes figées et d'angoisse face à l'époque. Brandir la laïcité au nom de combats passés ne suffit pas pour faire face à son temps.

Que l'« esprit du 11 janvier » ait été porté en France par un pouvoir qui se dit socialiste et par ce qui reste de la gauche partisane n'est pas indifférent. Ce 11 janvier a aussi été une marche funèbre, l'enterrement culturel et politique de la génération de 68, dernier grand élan collectif, critique,

---

28. C'est en substance la thèse d'Emmanuel TODD, *Qui est Charlie ?*, Seuil, Paris, 2015.

« révolutionnaire » du XXe siècle. Une foule innombrable et désorientée, la police applaudie, les catégories les plus populaires absentes et invisibles et toutes les puissances du monde convoquées. Une belle image d'État rassurante placardée sur un monde qui bouillonne, le vrai monde, celui des invisibles, des désespérés, de ceux qui vivent déjà le chaos qui nous attend.

Plus d'un an après, où sont les traces de l'élan citoyen qu'on nous annonçait avec enthousiasme ? Il reste le souvenir d'une rodomontade nationale face à ce chaos qui vient. Il en reste le désarroi et un certain aveuglement volontaire devant les fractures qui poursuivent leur œuvre en profondeur. D'une certaine façon, ces mobilisations, vues depuis Rakka ou Mossoul, ont été l'étalage de nos fragilités nationales plus que de notre force. Et les stratèges du djihad en ont tiré les conséquences en faisant de la France l'une des cibles prioritaires de la terreur. Tel est le sens des massacres du 13 novembre 2015 : un piège tendu pour transformer le désarroi en injonction identitaire et disciplinaire, la politique en marche militaire et instiller l'esprit de guerre dans ce qui reste d'esprit de liberté.

2

Le chaos qui vient

« La politique est la continuation de la guerre avec d'autres moyens. »

Michel FOUCAULT,
Il faut défendre la société. Cours au Collège de France (1976),
Gallimard-Seuil, Paris, 1997.

Ce 19 janvier 2012, le taxi roulait difficilement sur la route qui joint Dakar à Diamaguène Sicap quand nous avons été dépassés par quelques centaines de collégiens au niveau de la gare de Thiaroye, où passe aujourd'hui l'autoroute à péage[1]. Des filles et des garçons souvent en short, sac au dos, manifestaient de façon un peu brouillonne et bon enfant contre la grève de leurs enseignants. La circulation a

1. Durant une mission de recherche au Sénégal de l'Observatoire international des banlieues et des périphéries avec mon collègue Sylvain Lazarus.

été vite bloquée par des pneus sur la chaussée et les pneus ont été incendiés, dégageant une épaisse fumée noire. « Vous ne devriez pas rester ici », nous a soufflé un commerçant et nous avons vite compris pourquoi. Il n'a pas fallu plus de quelques minutes pour que surgissent dans la fumée des silhouettes noires en uniforme, casquées, assez lourdement armées. Les forces spéciales n'eurent aucun mal à disperser la petite foule en culottes courtes qui partit se réfugier dans son établissement scolaire où elle pensait être à l'abri. Les forces antiémeute y ont piégé les jeunes. Le bilan officiel fut de trente blessés, dont plusieurs avec fractures ouvertes et un dans le coma.

Hormis sa conclusion sanglante, voici un scénario que je connaissais. Je l'avais observé à plusieurs reprises à des milliers de kilomètres de là, devant le lycée Paul-Éluard de Saint-Denis. Ici, comme devant nombre de lycées, les mobilisations contre le contrat première embauche en 2006 puis contre la réforme des retraites en octobre 2010 ont donné lieu à des incidents avec la police tout aussi paradoxaux. Le blocage de la nationale 1, l'incendie de poubelles puis de quelques voitures semblaient plus destinés à attirer les uniformes qu'à les affronter. La conclusion vers laquelle se dirigeait immanquablement chaque matinée était la fuite et surtout pas la bataille. Bruno Froidurot, auteur d'une étude sur les manifestations lycéennes à Lyon en octobre 2010 confirme ces observations[2]. En marge d'un mouvement national largement porté par des adultes, des lycéens se sont ainsi mis en danger entre le 12 et le 22 octobre à Ajaccio, Lyon, Strasbourg, Saint-Denis, Montreuil, Grenoble, Sartrouville, Poissy, Argenteuil, Nogent-sur-Marne, Nanterre, Corbeil, Chelles, Montbéliard, Valenciennes, Nantes, Lens, Mulhouse, Chambéry, Enghien, Villeneuve-sur-Lot, Dijon, Épinay, Les Mureaux, Nîmes, Meaux, Champigny[3]...

On n'observe aucune stratégie insurrectionnelle dans cette prise de risque parfois insensée de jeunes, voire de très jeunes. Il n'y a à l'évidence pas une once d'espoir de pouvoir l'emporter dans un face-à-face. Mais tous ont en partage une volonté farouche de « convoquer » le pouvoir (et donc sa police) pour lui dire quelque chose qui ne peut pas être dit ailleurs ou autrement. Comme nous l'a si clairement exprimé un émeutier français de 2005 : « *Ce n'était pas de la politique* : nous voulions juste dire quelque

2. Bruno FROIDUROT, *Rapport sur les journées lyonnaises. Enquête sur un écart et analyse des catégories politiques de « débordement » et de « casseurs »*, mémoire de master, université de Paris-8, 2011.

3. Alain BERTHO, « Lycées : première carte des incidents 12-22 octobre 2010 », *Mediapart*, 23 octobre 2010, <ur1.ca/o7v9x>.

chose à l'État[4]. » Tel est sans doute le sens profond de la puissante vague d'émeutes et d'affrontements civils que nous avons connus ces dernières années dans le monde : une rage inassouvie devant l'autisme des pouvoirs face aux situations réelles des gens.

Notre temps est celui des émeutes

Le diagnostic posé en 2009 n'a en rien été démenti au cours des six années suivantes : notre temps est celui des émeutes[5]. Le plus étonnant est sans doute que cette montée de la violence civile collective est pour l'essentiel invisible aux yeux de la plupart de ceux qui font métier d'observer le monde ou de le gérer. L'émeute ne crève l'écran que lorsque sa gravité, son extension géographique ou sa durée l'imposent dans l'actualité. Ce fut notamment le cas lors des trois semaines d'incendies de voitures sur le territoire français en 2005, des émeutes grecques du 6 au 31 décembre 2008, des émeutes anglaises d'août 2011 ou de celles de Ferguson en 2014 et

4. Enquête menée par Sylvain Lazarus avec les étudiants de la maîtrise de sciences et techniques « Formation à la connaissance des banlieues », université de Paris-8.

5. Alain BERTHO, *Le Temps des émeutes*, *op. cit.*

Baltimore en 2015 aux États-Unis. Toutes ont été déclenchées par la mort d'un ou plusieurs jeunes à la suite d'une intervention policière.

ÉMEUTES ET AFFRONTEMENTS CIVILS

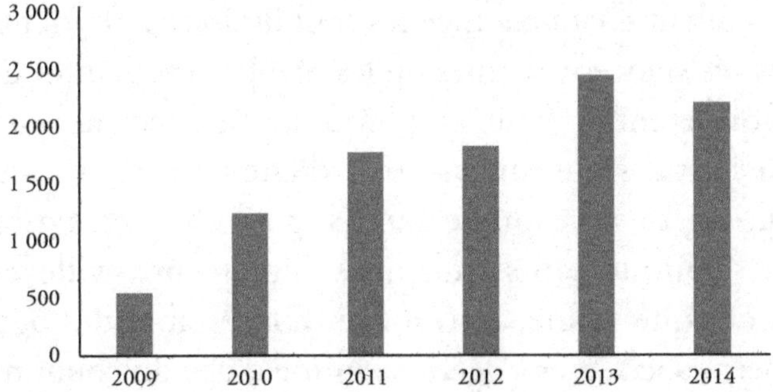

ÉMEUTES ET AFFRONTEMENTS CIVILS PAR CONTINENT

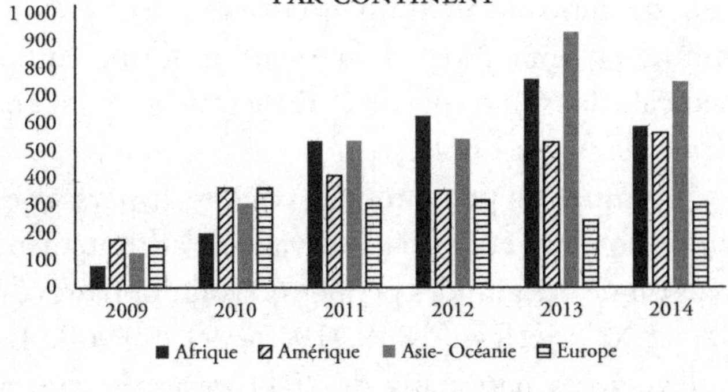

© A. Bertho, université de Paris-8 UMR LAVUE 7218

Mais ces explosions de rage ne sont pas de simples anomalies dans un monde serein, faisant irruption lors de quelques nuits de feu spectaculaires. Seules « visibles » dans les grands médias, elles expriment la même colère que celle de centaines d'autres incidents plus ou moins graves, qui émaillent chaque année les mobilisations ouvrières, les résistances urbaines ou les révoltes étudiantes du monde entier (voir graphiques). Les déclencheurs en sont des plus divers : interdiction des trois roues autour de la capitale du Bangladesh, évacuation des commerçants informels d'un centre-ville en Amérique latine, attribution contestable de logements sociaux en Algérie, pénurie d'eau ou coupures d'électricité, corruption avérée d'un maire, fraude électorale, hausse des prix, candidature d'un président sortant malgré la Constitution en vigueur, plan de rénovation d'un quartier... Ou encore, comme en août 2014, l'intervention d'une équipe médicale dans une ville de Guinée touchée par l'épidémie de fièvre Ébola...

Lorsque l'on prend tout en compte, le paysage est impressionnant et dessine une vague d'affrontements civils digne des grandes périodes révolutionnaires des XIXe et XXe siècles : 1848, 1917-1919, 1968. Les soulèvements nationaux de 2011 désignés comme « printemps arabes » ont sans doute marqué une étape importante, sur laquelle nous reviendrons, mais n'ont pas perturbé la montée de la courbe émeutière. Les pays concernés par les changements politiques, comme la Tunisie et l'Égypte, ont d'ailleurs connu beaucoup plus d'émeutes après le printemps 2011 que lors de toutes les années précédentes.

Quelques grands traits émergent depuis 2005[6]. La vague d'émeutes dites « de la faim » de 2008 fut consécutive à la spéculation sur les produits alimentaires de base sur fond de crise financière ; les émeutes de la vie chère n'ont pas cessé depuis. Mais la hausse des prix alimentaires n'est pas seule en cause. Les émeutes qui ont éclaté en 2012 au Népal, en Indonésie et au Nigéria ont été déclenchées par la hausse du prix du pétrole, cause de celle des prix de l'essence et du fuel.

Le prix du fuel a quant à lui une autre conséquence sur les politiques publiques : la tension sur la production électrique d'un certain nombre de pays et la multiplication des délestages. Le Sénégal

---

6. Pour une analyse détaillée des émeutes de ces années, voir mes contributions à l'annuaire dirigé par Pascal BONIFACE, *L'Année stratégique* (Armand Colin) : Alain BERTHO, « Rages populaires », *L'Année stratégique 2015* ; « L'instabilité s'installe », *L'Année stratégique 2014* ; « Le protestataire, personnalité de l'année 2011 », *L'Année stratégique 2013* ; « De la colère au soulèvement », *L'Année stratégique 2012*.

a inventé l'expression « émeute de l'électricité » en 2010, tant le caractère aléatoire de la fourniture d'électricité par la Senelec exaspérait les habitants de l'agglomération dakaroise. Le Pakistan en a officialisé l'équivalent anglophone : *power riot.* Émeutes de l'électricité et *power riots* n'ont cessé de s'étendre et de gagner en gravité depuis entre 2009 et 2012. Elles ont duré pratiquement pendant tout le mois de juin 2012 au Pakistan et se sont multipliées en Algérie pendant l'été.

Les nouvelles usines du monde connaissent à partir de 2010 une expansion rapide. L'émeute des usines d'iPhone de Suzhou dans le Jiangsu (Chine) en 2010 a fait trembler Apple. L'Inde a connu les siennes à Lanjigarh (Orissa) en septembre 2010 et à Surat (Gujarat) en janvier 2011. Les plus impressionnantes ont été celle des usines textiles du Bangladesh où des enfants ouvriers ont affronté les forces de l'ordre : à Ashulia, Dahka et Mirpur en juin 2010, à Ashulia, Dahka, Gazipur et Narayanganj en juillet, à Chittagong en octobre, à Dahka, Chittagong et Gazipur en décembre, à Siddhirganj en janvier 2011… Le Mexique (Cananea, septembre 2010), la Bolivie (Potosi et Johor en août), le Chili (dockers de Valparaiso en septembre), la Bolivie (mineurs d'Oruro en septembre), le Pérou (mineurs de Zamora en septembre,

Lima en avril 2011) et le Brésil (Juira en mars 2011) dressent le tableau latino-américain de la révolte. Celle-ci touche moins l'Afrique (mineurs de Sinazongwe et Chingola en Zambie, de Kyebi au Ghana) mais n'épargne pas l'Europe (Valladolid, Bierzo et Oviedo en Espagne).

L'Afrique du Sud est le théâtre d'affrontements lors des grèves de mineurs à Mpumalanga (Middelburg) et à Rustenberg entre janvier et mai 2013, mais l'émeute a gagné les exploitations agricoles de De Doorns du 9 au 15 janvier 2013. La situation est assez similaire en Colombie avec la mobilisation paysanne de juillet à septembre 2013, qui provoque au moins vingt-cinq blocages et échauffourées parfois graves dans les départements de Cesar, Cauca, Caquetá, Norte de Santander, Cundinamarca, Boyacá, Atlántico et Nariño, parallèlement au conflit minier dans les départements de Caldas, Risaralda et Antioquia. Des émeutes éclatent au Congo (Kambove, février 2013), en Mauritanie (dockers de Nouakchott en avril), au Pérou (Canaris en janvier et Retamas en mars), au Bangladesh (Dhaka, Ashulia, Gazipur) – notamment après l'effondrement du Rana Plazza (un immeuble atelier) qui fait plus de 1 100 morts le 24 avril –, en Inde (mineurs d'Orissa en novembre, ouvriers de Noida en avril), au Cambodge (ouvriers du textile à Phnom Penh en novembre), au Viêt-Nam (usine Samsung de Pho Yen en janvier 2014).

Parallèlement, le pillage reprend sa place dans le répertoire des soulèvements populaires. Cette figure ancienne de la révolte se retrouve maintenant de façon régulière : à Zhongshan (Guangdong, Chine) lors d'un conflit foncier en novembre 2011, à Edo (Nigéria) lors d'une émeute de la vie chère en janvier 2012 et à Tombouctou en janvier 2013 contre la population arabe de la ville. L'Argentine, en décembre 2012, est le théâtre de pillages collectifs d'une ampleur au moins égale à ceux de Londres en 2011. Du 20 au 28 décembre 2012, le pillage n'est pas un dégât collatéral de l'émeute mais le centre de l'action collective, menée par des foules multigénérationnelles prenant d'assaut les supermarchés et embarquant du matériel parfois volumineux. Une quinzaine de villes sont au total concernées. La répression s'organise. On compte deux morts. Il s'agit d'une affaire nationale, dont on peut s'étonner qu'elle ait eu si peu d'écho à l'étranger.

Mais ce sont les enjeux urbains sur trois continents qui ont été le terrain de trois grandes mobilisations populaires et de trois confrontations fortes avec le pouvoir en place en 2013 et 2014 : les arbres de la place Taksim d'Istanbul, le prix des transports en commun de Rio et São Paulo et la rénovation d'un quartier de Burgos. Qui aurait pu imaginer que les plans spéculatifs des réaménagements de la grande ville turque allaient provoquer une indignation aussi contagieuse et aussi déterminée ? La défense du parc Guezi commence le 31 mai. Reprenant le répertoire pacifique des diverses « occupations » de 2011 et 2012, ce rassemblement doit vite faire face à une répression violente. À peine douze jours après le début de l'occupation de la place Taksim, São Paulo s'embrase également, suivie par Rio de Janeiro et les grandes villes du Brésil. La préparation des grands événements sportifs déstabilise les métropoles. La Coupe du monde de football en 2014 à Rio est notamment une occasion pour tenter de sortir les favelas du centre-ville. Elle enflamme le foncier et le coût de la vie. Ici, la hausse des prix des transports a mis le feu aux poudres de la colère urbaine. Le projet contesté par des habitants de Burgos en janvier 2014 est sans doute beaucoup moins ambitieux. Les travaux prévus dans le quartier de Calle Vitoria Gamonal destiné à être en partie piétonnisé se heurtent à une opposition farouche des habitants, qui s'exprime d'abord de façon traditionnelle et pacifique. Mais l'obstination des autorités fait basculer le mouvement dans l'émeute du 10 au 13 janvier. Les manifestations de solidarité dans le reste de l'Espagne tournent aussi à l'affrontement à Madrid les 15 et 16 janvier, Alicante, Madrid, Saragosse et Barcelone le 17 janvier, Madrid de nouveau, Barcelone, Valence, Alicante, San Sebastián, Santander, Saragosse le 18 janvier, Saragosse enfin le 26. La mobilisation fait tache d'huile et porte une critique des choix de dépenses publiques par ces temps d'austérité.

Contrairement à la montée des révoltes en France à la fin du XVIIIe siècle, cette extension des émeutes et des affrontements civils ne semble donc pas le prélude d'une séquence révolutionnaire. Nous assistons plutôt à l'installation mondiale et officielle d'un divorce entre les peuples et les pouvoirs, quelle que soit la nature des États. Ce qu'on nommait politique n'est plus d'une grande utilité pour organiser et donner du sens aux rapports des peuples et des gouvernements, par absence de langage commun. Cette disparition de la politique est un des traits marquants de la transformation de la figure et du rôle de l'État dans la mondialisation.

Violence des États et légitimité sécuritaire

Démocratiques ou dictatoriaux, religieux ou laïques, les États qui aujourd'hui gèrent la mondialisation financière tout en se livrant à une concurrence acharnée ont en effet quelques traits en commun. Le premier d'entre eux, aujourd'hui le plus visible, est leur lien organique avec les circuits financiers. La corruption dénoncée au Brésil comme en Turquie ou en Chine, comme elle l'avait été dans la Tunisie de Ben Ali, est une dimension particulièrement visible et donc particulièrement sensible de ce lien de dépendance généralisé. Il atteint sans doute des sommets de sophistication avec le dispositif monétaire européen et le poids des dettes souveraines auprès des marchés financiers.

Le mois de juillet 2015 en a donné une illustration éclatante. Le référendum grec du 5 juillet 2015 et les 61 % de « Non » aux exigences des créanciers du pays n'ont pas pesé très lourd face à la logique monétariste de l'Eurogroupe. Pire : la décision même de convoquer ce référendum avait fait scandale dans les hautes sphères du continent. Quelle idée incongrue que de vouloir consulter son peuple de façon souveraine sur les décisions qui concernent sa survie ! Et ensuite, quel éloge collectif du « courage » du Premier ministre grec Alexis Tzipras, contraint d'accepter des conditions contraires aux décisions de ceux qui avaient voté. La trahison des promesses électorales serait-elle soudain et officiellement devenue une vertu politique ? À moins de faire nécessité vertu…

Le second trait commun des États à l'ère de la mondialisation devient, par force, l'usage permanent du mensonge. Il en faut beaucoup pour continuer à tenir le discours du possible quand ce dernier est justement interdit par des forces qu'on ne contrôle pas. Voilà sans doute le principal péché de Tzipras aux yeux de ses collègues européens : celui de ne pas avoir menti à son peuple. Ce mensonge structurel connaît aujourd'hui une grande élaboration technique qui va de la construction des « éléments de langage » à l'effet d'annonce comme substitut à l'action, en passant par la politique du leurre (en lançant une polémique secondaire par exemple) ou la technicisation du discours[7].

Mais la conquête des médias, si centrale dans les stratégies de pouvoir contemporaines, n'est pas

7. L'écrivain Jonathan Coe met ainsi en scène un député conservateur, Harry Winshaw, interrogé sur la politique de restriction budgétaire et de projet de privatisation de la Sécurité sociale du gouvernement Thatcher : « La réponse de Winshaw a été : "17 000 000 en cinq ans 12,3 % du PNB 4 % de plus que la CEE 35 % supérieur à l'URSS 34 000 MG pour chaque HSA * 19,24 en terme réels 9 586 pour chaque FHSA rectification saisonnière à 12 900 000 + 54,67 à 19 % incl TVA s'élevant à 57 % dépendant de l'IPR par le IHSM £ 4.52. La Sécurité sociale est entre de bonnes mains avec nous." Et le narrateur de conclure : « Après quoi, il a quitté le studio avec l'air vainqueur d'un homme qui a conquis les médias » (Jonathan Coe, *Testament à l'anglaise*, Gallimard, Paris, 1995).

la conquête des peuples. Car le mensonge est visible et les promesses non tenues ont un effet dévastateur. Ainsi lorsque, le 31 décembre 2008, un jeune Noir nommé Oscar Grant est abattu de sang-froid par la police du métro à Oakland, on n'assiste qu'à une seule (petite) émeute le jour de ses obsèques et cela malgré la diffusion tous azimuts des trois vidéos amateur montrant sa mort en direct. L'Amérique était sous le charme politique de la victoire de Barak Obama au terme d'une campagne sur le thème de la nation qui doit compter tout le monde et de l'affirmation d'un changement possible. Six ans plus tard, le « *Yes we can* » n'opère plus sur la communauté noire. Les meurtres de Michael Brown et Freddie Gray ont déclenché coup sur coup des émeutes comme les États-Unis n'en avaient pas connues depuis 1992.

Mais quel est l'avenir de telles flambées de colère ? L'émeute manifeste une rage collective face à une impuissance politique. Elle ne modifie ni la situation budgétaire de l'État ni les décisions gouvernementales, le plus souvent déterminées par des contraintes internationales. Une fois la décision prise et l'impuissance populaire entérinée, la mobilisation disparaît. Cette accalmie ne vaut pas acceptation ni simple résignation. Elle signifie que sur ce point la distance entre le gouvernement et le peuple est telle, la rupture si forte, que la délégitimation du pouvoir remplace la colère. L'« exode », selon le mot de Toni Negri[8], n'est pas un divorce par consentement mutuel, mais un état de défiance permanent scandé par les affrontements. Cet « exode » ne met pas seulement à mal la confiance dans l'État existant. Il risque de décrédibiliser toute possibilité d'État, toute nécessité de bien commun et d'esprit public.

Ne nous y trompons pas : la légitimité même des États est en cause. Quel que soit le régime, l'idée que le gouvernement est là pour assurer le bien commun de son peuple est de plus en plus mise en difficulté. Entre la corruption des États et le mensonge des gouvernements, il n'y a plus beaucoup de place pour la possibilité imaginée d'un « bon gouvernement » : la fameuse allégorie de Ambrogio Lorenzetti peinte dans le palais communal de Sienne en 1338 n'a plus vraiment de sens.

Il y a certes des exceptions, le plus souvent temporaires. Le président Lula qui a conduit son pays vers le grand marché mondial a parallèlement eu une politique massive et efficace de recul de la pauvreté, notamment au travers de la *borsa familia*. Mais la légitimité ainsi acquise n'a duré qu'un temps et s'est fissurée lors de la Coupe du monde de football.

---

8. Antonio Negri, « Ruptures dans l'empire, puissance de l'exode », *Multitudes*, octobre 2011.

Le gouvernement chinois se fait fort de garantir une croissance économique record en échange de l'accroissement des inégalités et répond en général aux revendications sociales une fois passé l'épisode obligatoire de la répression des mobilisations. Mais gare aux retournements de conjoncture…

Dans de très nombreux pays, les États sont depuis plus de vingt ans en recherche d'une légitimité alternative. Celle qui s'impose le plus souvent est la légitimité sécuritaire. L'État nous protège des dangers qui menacent notre avenir. Ces menaces sont diverses. La dette souveraine en fait partie : c'est un argument de poids des gouvernements européens pour verrouiller tout débat sur l'avenir. L'insécurité a été assez largement mobilisée pour légitimer l'autoritarisme policier et criminaliser les classes populaires. En France, le tournant sécuritaire de la politique de la ville a été assumé en 1997 par le gouvernement de Lionel Jospin. Son ministre de l'Intérieur, Jean-Pierre Chevènement, préside en personne les assises de Villepinte « Des villes sûres pour des citoyens libres ». Un consensus politique se construit sur cette posture. Gauche et droite ne se sont guère distinguées en 2005 dans leur condamnation commune des jeunes révoltés de 2005 et des organisations syndicales n'ont pas hésité à porter main forte aux forces de l'ordre contre les

« casseurs » lors de la mobilisation contre le contrat première embauche en 2006[9].

Cette lutte contre l'insécurité qui glisse vers la répression des troubles sociaux est confortée par une collaboration internationale et une mise en commun des expériences et des méthodes. Les émeutes de Copenhague lors de la fermeture de la maison des jeunes Ungdomshuset en mars 2007 en furent une étape importante[10]. Rien d'étonnant dans ces conditions à ce que, quand le soulèvement tunisien parti de Sidi-Bouzid et Kassérine en décembre 2010 est sur le point de mettre à bas le régime de Ben Ali, Michèle Alliot-Marie, ministre des Affaires étrangères déclare à l'Assemblée nationale le 12 janvier 2011 : « Nous proposons que le savoir-faire, reconnu dans le monde entier, de nos forces de sécurité permette de régler des situations sécuritaires de ce type. C'est la raison pour laquelle nous proposons effectivement aux deux pays [l'Algérie et la Tunisie] de permettre dans le cadre de nos coopérations d'agir

---

9. Alain BERTHO, « Du grondement de la bataille à l'anthropologie du contemporain », *Variations. Revue internationale de théorie critique*, dossier « Subjectivités libres et critique de la répression », automne 2006.

10. Sur l'histoire de l'Ungdomshuset, voir Samuel LURET et Alain BERTHO, *Les Raisons de la colère*, documentaire de 52 minutes, Arte, 9 novembre 2010.

pour que le droit de manifester puisse se faire en même temps que l'assurance de la sécurité[11]. »

Le passage d'un droit d'ingérence humanitaire au droit d'ingérence sécuritaire a alors déjà pris depuis plusieurs années une autre dimension : celle de la confusion entre menaces intérieure et extérieure et donc de la logique de « guerre de police » à l'échelle mondiale[12]. On sait que, dans cette évolution, septembre 2001 a marqué un tournant majeur. Dans la doctrine militaire américaine qui s'affirme alors, la guerre est devenue « juste », « asymétrique », « préventive » et même « sans fin » puisque la guerre n'a plus pour but d'établir la paix du vainqueur. La distinction même entre la paix et la guerre s'efface : il faut être en guerre pour être en paix[13]...

Ce type de guerre s'inscrit dans une logique de police dès la première guerre du Golfe (1991). La guerre moderne s'inscrivait dans une logique qui n'a plus cours : préparer la paix et transformer l'ennemi

---

11. « Alliot-Marie propose d'aider la Tunisie dans la répression », Dailymotion, 11 janvier 2011, <url.ca/o80ht>.

12. Alain BERTHO, *L'État de guerre*, La Dispute, Paris, 2003 ; et Alain BERTHO, « Guerre, gouvernement, police », *in* Frédéric ROGNON (dir.), *Dire la guerre, penser la paix*, Labor et Fides, Genève, 2014.

13. Giorgio AGAMBEN, « La police souveraine », *in Moyens sans fins. Notes sur la politique*, Rivages, Paris, 2002.

en partenaire des négociations. La logique de police s'exerce au nom de l'ordre, mais ne prépare pas la « paix des braves ». « *Justice is done* », déclare ainsi le président Obama après l'exécution sommaire de Ben Laden en mai 2011. La combinaison de la guerre asymétrique et préventive et de la guerre de police a une conséquence objective : depuis vingt-cinq ans au moins, 90 % des victimes des conflits sont des civils. Alors que pour toutes les puissances engagées sur des terrains d'opération, la perte d'un soldat devient une affaire d'État.

Les théâtres d'intervention n'ont pas manqué depuis 2001 : Afghanistan, Irak, Libye, Mali, Centrafrique... On ne peut que constater que si cette logique a pu conforter la légitimité interne des gouvernements interventionnistes, elle n'a guère renforcé celle des forces politiques qui, sur place, étaient leurs alliés. Quinze ans plus tard, les talibans n'ont pas été affaiblis, l'État irakien a explosé, l'intervention franco-britannique a été incapable de faire émerger un nouveau pouvoir légitime en Libye et les fragiles pouvoirs malien et centrafricain ne doivent leur survie qu'au maintien de la présence militaire française.

Au fond, les États les plus puissants nourrissent leur légitimité du chaos qu'ils ont eux-mêmes contribué à produire. Mais, ce faisant, ils courent le risque d'accentuer encore le chaos. Car ce qui menace en fin de compte un pouvoir faible en mal de légitimité, c'est l'effondrement pur et simple. On commence à voir ainsi perdurer des zones du globe échappant à toute gestion étatique : la Somalie, la Libye, une partie de la Syrie et de l'Irak, mais aussi du Mexique aux mains des cartels. D'autres sont sans doute à venir. La faiblesse de certains États les rend aujourd'hui incapables de faire face aux nécessités de survie de leur population, face à l'épidémie Ébola par exemple, ou à la stratégie du djihadisme local, celui de Boko Haram au Nigéria ou celui des chebab somaliens en Somalie comme au Kénya.

Une stratégie de la violence : la « gestion de la barbarie »

L'État en guerre a depuis 2001 un ennemi désigné : le terrorisme. La multiplication des attentats dans le monde depuis lors n'est pas un fantasme si on en croit les chiffres, cartes et courbes proposés par le *think tank* Institute for Economics and Peace (IEP) et concernant la période 2000-2013[14] – des

14. Créé en 2007, l'IEP publie depuis 2010 le Global Peace Index (GPI) ; il travaille avec l'Aspen Institute, le SIPRI, le CSIS,

chiffres qui peuvent être complétés pour l'année 2014 par le rapport annuel du département d'État américain publié en juin 2015[15].

ATTENTATS ET ÉMEUTES

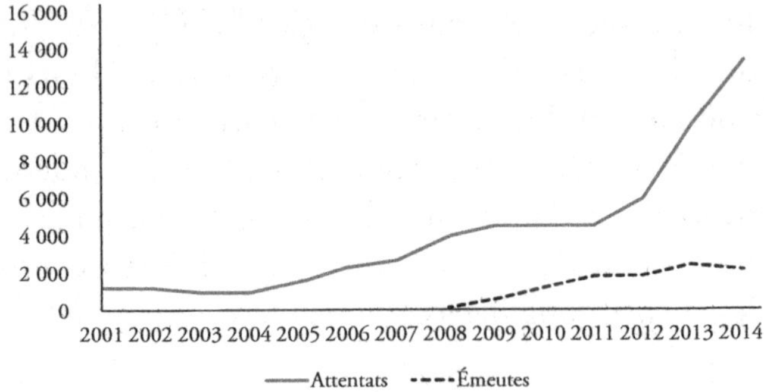

On y observe nettement deux tournants majeurs : la hausse sensible à compter de 2003 et l'accélération de 2012-2014. Selon l'IEP, ces deux tournants sont essentiellement dus aux attentats d'inspiration religieuse, le nombre annuel d'attentats d'inspiration politique, nationaliste ou séparatiste restant en dessous des 800 durant toute la

Monash University et Cranfield Business School. Voir IEP, *Global Terrorism Index 2014. Measuring and Understanding the Impact of Terrorism*, 2014, <url.ca/o80kd>.

15. US DEPARTMENT OF STATE, *Country Reports on Terrorism 2014*, juin 2015, <url.ca/o80lt>.

période. On peut donc dire que le djihadisme d'Al-Qaida s'affirme à compter de la guerre d'Irak et que l'accélération qui suit les insurrections de 2011, les déceptions qu'elles ont fait naître et l'effondrement de trois États (l'Irak, la Syrie et la Libye) préparent le terrain à Daech.

En 2004 paraît sur Internet un livre en langue arabe intitulé *L'Administration de la sauvagerie. L'étape la plus critique à franchir par la Oumma*, signé Abu Bakr Naji qui est sans doute le nom d'un collectif d'auteurs[16]. Lu avec attention par les services de contre-terrorisme américains[17], il ne fait vraiment parler de lui que depuis 2013, lorsque ce qui pouvait apparaître comme les élucubrations d'un stratège d'Al-Qaida commence à prendre corps en Syrie et dans le nord de l'Irak. Qualifié par certains journalistes et par son éditeur français de « *Mein Kampf* des djihadistes », l'ouvrage s'apparente plutôt au *Prince* de Machiavel par son cynisme froid et opérationnel.

16. Traduction anglaise : *The Management of Savagery. The Most Critical Stage through which the Umma Will Pass*, John M. Olin Institute for Strategic Studies, Harvard University, Cambridge, 2006 ; traduction française : *La Gestion de la barbarie*, Éditions de Paris, Versailles, 2007.

17. Brian FISHMAN, « Djihadists target the American dream », Combatting Terrorism Center, West Point, 15 mars 2008, <url.ca/o80q0>.

Le livre est en effet l'exposé méthodique d'une stratégie politique et territoriale qui rompt avec ce qui fut celle d'Al-Qaida. Il s'agit ni plus ni moins d'investir les brèches ouvertes par l'effondrement des États les plus faibles situés à la périphérie des superpuissances et notamment des États-Unis. Telles sont ces terres de « sauvagerie » qu'il s'agit d'investir et de gérer. Le but n'est pas d'établir à leur place un État parmi d'autres, mais les éléments du califat restauré, unique et universel. Les frontières n'existent pas pour cette terre d'islam qu'il s'agit d'instaurer. Cette stratégie ignore donc toute référence nationale, elle est d'une certaine façon profondément antiétatique. Mais il s'agit de jouer sur deux tableaux : la gestion des populations conquises et la conduite de la guerre sainte.

La stratégie de gestion est tout à fait pragmatique : il est question d'une administration souple, de compromis avec les notables locaux, d'une application progressive de la charia… Mais cette administration reste subordonnée à la finalité globale : celle de la guerre. C'est pourquoi il est question de bien distinguer les rôles entre « leaders » et « gestionnaires », car ce n'est pas la gestion qui peut s'arroger le leadership. Quant à la stratégie de guerre, elle ne se résume pas à la stratégie militaire. Il s'agit d'une stratégie assumée de la violence et de l'horreur : « Celui qui s'est engagé vraiment dans le djihad sait que ce n'est rien d'autre que violence, cruauté, terrorisme, terreur et massacres », car « si nous ne sommes pas violents dans le djihad, si la douceur s'empare de nous, ce sera un facteur minant de notre force. [...] L'Oumma qui possède la force, [...] c'est l'Oumma qui ne craint pas l'horreur[18]. » Pour l'auteur, c'est aussi par l'horreur de la victoire que le djihad sèmera le doute dans les médias sur la puissance réelle des ennemis, des États-Unis et de leurs alliés.

Le chaos est donc à nos portes. Mais il n'a pas le djihad pour seul moteur. L'ébranlement de la légitimité des États dans la mondialisation, la crise de la représentation politique, la recherche d'une légitimité sécuritaire et la logique de guerre ont construit une situation sur laquelle le djihad et les stratèges de l'État islamique peuvent aujourd'hui prospérer. L'« empire du chaos » annoncé par Alain Joxe dès 2002 est en train de faire son œuvre[19]. Peut-être de l'achever.

---

18. Abu Bakr NAJI, *La Gestion de la barbarie*, *op. cit.*, p. 74-75.

19. Alain JOXE, *L'Empire du chaos. Les républiques face à la domination américaine dans l'après-guerre froide*, La Découverte, Paris, 2002.

3

Le peuple introuvable ?

> « La singularité quelconque [...] qui rejette toute identité et toute condition d'appartenance est le principal ennemi de l'État. Partout où ces singularités manifesteront pacifiquement leur être commun, il y aura une place Tien An Men et, tôt ou tard, les chars d'assaut apparaîtront. »
>
> Giorgio AGAMBEN,
> *La Communauté qui vient*,
> Seuil, Paris, 1990.

23 juin 2011. La place Soweto à Dakar est en ébullition. Depuis le matin, des affrontements ont eu lieu dans toute la ville. Mais, en fin d'après-midi, l'Assemblée nationale concentre tous les regards. Va-t-elle se plier aux désirs du président Wade et réformer la Constitution pour lui permettre de se présenter en « ticket » avec son fils et de tenter une victoire au premier tour de la présidentielle à la

majorité relative ? Le « dragon noir » (le canon à eau de la police) est à court d'eau et n'asperge plus personne. Les manifestants sont à quelques centimètres des forces de police massées devant l'Assemblée. On met le feu à des branchages. Les voitures du quartier sont déjà calcinées. La foule est jeune et très contrastée : des étudiants maniant avec dextérité le vocabulaire parlementaire, des jeunes de la banlieue, parlant essentiellement wolof. La manifestation a été appelée par des rappeurs connus dans le pays regroupés depuis plusieurs mois dans le collectif « Y'en a marre ». Le lendemain, la presse dakaroise comparera la place Soweto à la place Tahrir.

Le mot d'ordre est simple : « Touche pas à ma Constitution. » Rien ne m'avait surpris à l'époque[1]. Mais, avec le recul, la reprise assumée du slogan « Touche pas à mon pote » maniait une première personne du singulier qui mérite réflexion. Une Constitution n'est-elle pas le symbole même de l'organisation du collectif ? Or le « nous » n'était pas de rigueur. Ce rassemblement, par ailleurs efficace car le projet de loi a été retiré, se posait comme un

1. En mission au Sénégal pour établir un partenariat avec l'université de Dakar, Sylvain Lazarus, Amar Henni et moi-même avons assisté aux événements de la place Soweto et pu réaliser des entretiens sur place.

rassemblement d'individualités, exhibait un symbole fondateur de la nation à la première personne. Un collectif s'était bien constitué, capable d'affronter les forces de répression. Mais il était limité dans le temps. Il ne préexistait pas à la manifestation et ne lui a pas survécu. Cette situation n'est pas exceptionnelle aujourd'hui, on la retrouve dans nombre de mobilisations. On l'a retrouvée d'une certaine façon le 11 janvier 2015 en France.

De la lutte des classes aux affrontements communautaires

Il y a en revanche des Nous qui s'inscrivent dans la durée. Mais ces Nous ancrés souvent dans une tradition ne parlent pas le même langage. Ce sont alors des « Nous-autres » qui ont besoin de s'affirmer contre un autre : le Nous des Indiens hindouistes contre les musulmans et les chrétiens, le Nous des Ukrainiens contre les russophones, le Nous de Pegida contre les étrangers, le Nous des Ivoiriens Bété contre les Ivoiriens Dioulas, le Nous des Zoulous sud-africains contre les Zimbabwéens immigrés. C'est le Nous des racines menacées, celui des WASP américains ou des électeurs du Front national. Car, comme le montre l'anthropologue Arjun Appadurai, ce qui alimente le racisme et l'intolérance n'est pas tant le rapport à un « autre » essentialisé que d'abord une difficulté dans le rapport à soi[2]. Le succès de l'expression le « vivre ensemble » dans le vocabulaire politique francophone, en France, en Belgique ou au Québec, réside sans doute dans la possibilité qu'elle offre de faire l'impasse sur ces deux difficultés dans la constitution du Nous national.

Aujourd'hui, la question de la collectivité subjective et politique est en effet posée. Peuple, classe, région, quartier, religion : quel est le Nous qui mobilise ? Quel est le Nous qui s'arroge la légitimité pour dire le bien commun ? Si la construction du commun populaire est aujourd'hui objectivement à l'ordre du jour[3], il est subjectivement problématique. Il y a des Nous qui rassemblent, d'autres qui déclarent la guerre à l'autre. Les principes communs d'une communauté humaine sont aujourd'hui en jeu de façon ouverte et conflictuelle comme ils l'ont été à d'autres périodes de l'histoire.

Mais où est donc passée la classe ouvrière ? Question lancinante, débat à répétition. Elle est

---

2. Arjun APPADURAI, *Géographie de la colère. La violence à l'âge de la globalisation*, Payot, Paris, 2007.

3. Antonio NEGRI et Michael HARDT, *Commonwealth*, Harvard University Press, Cambridge, 2010.

toujours là, clament les statistiques. Comme si la présence objective du travail ouvrier dans une société valait culture politique, reconnaissance symbolique, capacité de rassemblement social, grand récit historique et utopie mobilisatrice. De tout cela, le monde contemporain a dû faire son deuil : les ouvriers sont là, mais ils sont devenus invisibles collectivement, parfois à leurs propres yeux. Ce qui faisait il n'y a pas si longtemps « classe » est devenu un espace de relégation, de stigmatisation, de souffrance et parfois de division. Dans les vieux pays industriels, le chômage, le naufrage de pans entiers de l'industrie, les défaites ouvrières des années 1970 et 1980 y sont sans doute pour quelque chose. Dès les années 1980 en France, la figure de l'immigré contribue aussi à effacer l'ancienne figure ouvrière[4]. L'émergence contemporaine de la « banlieue » identifie parallèlement les lieux de cet oubli[5]. Une menace sociale obscure se substitue à l'utopie, la cité radieuse devient la cité ghetto.

Les émeutes ouvrières massives des ateliers du monde dessinent plutôt la figure de jacqueries, comme les ouvriers émeutiers et pilleurs du

---

4. Sylvain LAZARUS, *Anthropologie du nom*, Seuil, Paris, 1996.

5. Alain BERTHO, *Banlieue, banlieue, banlieue*, La Dispute, Paris, 1997.

Bangladesh en juillet 2006. La rage va parfois au bout d'elle-même : à Tonghua (Chine, 2009), à Manesar (Inde, 2012), à Sinazongwe (Zambie, 2012) ou à Marikana (Afrique du Sud, 2012), ce sont d'abord des cadres de l'entreprise qui trouvent la mort. Cette rage est en effet souvent confrontée à la rage répressive, comme aux mines Lonmin à Marikana, où plus de trente grévistes sont abattus à l'arme automatique lors d'une confrontation avec l'armée. En France, des ouvriers condamnés au licenciement menacent tout simplement de faire sauter l'usine. Ce scénario dramatique se joue dans les Ardennes (Cellatex) en 2000, à Caen (Moulinex) en 2001, au Pont-de-Cé (Helvetica) en septembre 2008, à Châtellerault (New Fabris), Châteaufort-en-Yvelines (Nortel) et Auxerre (Fulmen) en 2009, dans l'Allier (DMI Fabrique) en 2013, à Beine-Nauroy dans la Marne (Bosal) en 2014, à Fumel (MetalTemple) en 2015… La bataille est là, l'ennemi est là, l'humiliation et la dignité se jouent là. Mais ni les uns ni les autres ne mettent leur espoir dans une quelconque instance représentative ou dans la figure d'un « bon gouvernement ». La séquence subjective de la classe est bien close.

Quant à la dislocation, dont nous avons retracé les grandes étapes françaises, elle fait son œuvre ailleurs dans le monde. Les mobilisations populaires en Afrique du Sud sont souvent marquées par une xénophobie brutale dans les townships, comme en 2008 ou en 2015. La Papouasie est habituée aux émeutes contre les Chinois. À La Haye en 2015, la mobilisation populaire contre les violences policières prend des allures franchement antisémites, comme à Sarcelles en juillet 2014 lors d'une manifestation contre l'agression militaire israélienne de Gaza. Une des dimensions récentes du phénomène émeutier dans le monde est ainsi la montée inexorable des affrontements communautaires. Le nombre de ces affrontements, entre villages, ethnies ou confessions, a été quasiment multiplié par quatre de 2011 à 2014 (voir tableau). Et ces chiffres issus de mes propres relevés sont sans doute sous-estimés.

AFFRONTEMENTS COMMUNAUTAIRES DANS LE MONDE (2011-2014)

	2011		2012		2013		2014	
	Total	*Pays*	*Total*	*Pays*	*Total*	*Pays*	*Total*	*Pays*
Afrique	35	7	25	7	93	19	103	17
Amérique	0	0	1	1	2	2	2	2
Asie/ Océanie	20	5	52	6	112	10	71	10
Europe	4	3	3	2	12	6	8	7
Total	*59*	*15*	*81*	*16*	*209*	*37*	*186*	*36*

Dans l'État indien de l'Assam, on assiste en août 2012 à de véritables pogroms menés, sur fond de conflit foncier, par les Bodos contre la population musulmane installée plus récemment. Ces massacres provoquent le déplacement de centaines de milliers de personnes, le flux de réfugiés le plus important dans le pays depuis 1947. En Birmanie, en juin 2012, les Rohingyas musulmans sont victimes de massacres dans l'État de Rakhine, à la suite d'une accusation de viol. Des milliers de maisons brûlées, des dizaines de milliers de personnes déplacées, dont beaucoup se sont réfugiées au Bangladesh : le drame se joue assez vite, loin des regards étrangers et des acteurs humanitaires empêchés d'agir dans la région. On parle de 650 morts et 1 200 disparus. Ce massacre a lieu quelques semaines à peine après des élections que l'opposante historique au régime, Aung San Suu Kyi, prix Nobel de la paix en 1991, a saluées comme la « victoire du peuple » – alors même qu'elle reste silencieuse sur ce drame. En janvier, mars, mai, juin, août et septembre 2013, des pogroms antimusulmans sont encore orchestrés par les moines bouddhistes birmans, suscitant une réaction pour le moins tardive des autorités. Et, dans le même temps, au Bangladesh, les extrémistes du parti islamique Jamaat s'en prennent violemment aux hindouistes durant des semaines. Au Pakistan, à Lahore, le 9 mars 2013, ce sont les églises chrétiennes qui sont incendiées.

Au début de ces années 2010, récurrents mais très localisés en Algérie (Ghardaïa), plus sporadiques en Côte d'Ivoire, ces affrontements communautaires prennent de plus en plus d'ampleur en Égypte, où les coptes sont une des cibles des Frères musulmans. Les *communal riots* semblent alors être devenues structurelles en Inde au-delà de l'État de l'Uttar Pradesh, qui en reste l'épicentre : elles concernent aussi le Gujarat, le Rajasthan ou le Bengale occidental. En 2013, la violence s'installe au Xinjiang chinois entre les Ouighours et les Hans, alternant massacres (Kachgar en avril et Turpan en juin) et attaques de commissariats (16 novembre, 15 et 30 décembre). En 2014, cette violence s'exporte dans d'autres provinces, avec une attaque de passants à l'arme blanche à Changsha (Hunan, 13 mars) et une autre dans la gare de Kunming (Yunnan, 1er mars). La même année, les affrontements les plus sanglants se sont sans doute déroulés au Nigéria suite aux actions du groupe djihadiste Boko Haram, en Centrafrique – déterminant même une intervention étrangère – et en Birmanie. En juillet 2015, la presse indienne s'alarme d'une augmentation de 25 % des *communal riots* dans les cinq premiers mois de l'année, sous le nouveau gouvernement de la National Democratic Alliance dirigée par le nationaliste Narendra Modi[6].

État cherche peuple désespérément ?

Une évidence doit sans doute être rappelée : pour qu'il y ait une démocratie, il faut préalablement qu'il y ait un peuple. Avant d'être une abstraction juridique, le souverain populaire est une puissance subjective collective. « La nation assemblée ne peut recevoir d'ordre », aurait dit Jean Sylvain Bailly, doyen du tiers état, le 23 juin 1789 aux envoyés du roi[7]. Lorsque cette puissance fait défaut, la légitimité des États flotte dans un vide politique inquiétant. L'abstention électorale mine les victoires les plus confortables. L'indifférence du peuple n'est jamais l'assurance du confort durable des gouvernements. Le pouvoir a besoin d'un peuple. Quitte à l'inventer.

6. Arnan SHARMA, « Communal violence in the country up by 25 % in first five months of 2015 », *The Economic Times*, 21 juillet 2015, <url1.ca/o81yj>.

7. Lors de cet épisode, Mirabeau aurait eu cette formule plus fameuse mais sans doute moins attestée historiquement : « Nous sommes ici par la volonté du peuple, et nous n'en sortirons que par la force des baïonnettes. »

La logique de la modernité politique veut qu'il soit premier et qu'il confère, par délégation, sa légitimité au gouvernement. Mais il n'a pas manqué, dès le XXe siècle, de gouvernements décidés à inverser cette logique et à décider de la légitimité du peuple, de sa composition et de ceux qui en étaient exclus. Les juifs n'étaient plus allemands sous Hitler, les naturalisés n'étaient plus français sous Pétain. Cette logique du tri ne s'est pas éteinte avec la défaite du nazisme.

Elle connaît ces dernières décennies un véritable renouveau, parfois tout aussi sanglant. Le gouvernement rwandais a ainsi conduit lui-même le génocide des Tutsi en 1994. Et les frontières de l'Afrique – comme celles du Proche-Orient –, héritées d'une colonisation indifférente aux habitants réels et à leurs territoires, ont créé un terrain de choix pour ces stratégies identitaires. En Côte d'Ivoire, l'« ivoirité » théorisée par l'ancien président Henri Konan Bédié et mobilisée par Laurent Gbagbo, l'un de ses successeurs, organisait la nation sur l'alliance des Bété et des Baoulé et l'exclusion de près de 30 % de la population réputée étrangère, les Dioula du nord, musulmans. Source d'affrontements et de guerre civile, cette ivoirité a été invoquée par le président Laurent Gbagbo pour refuser le verdict des urnes en 2010, conduisant son pays au bord du chaos. En

Mauritanie en 2011, le mouvement « Touche pas à ma nationalité » a mobilisé la population noire qui se sentait discriminée par le nouveau code civil et le déroulement du recensement et craignait que la majorité maure leur dénie la nationalité mauritanienne. En Birmanie, les Rohingyas musulmans ont tout simplement été réputés apatrides.

Mais les anciennes terres coloniales ne sont pas le seul terreau de cette conception restrictive de la nationalité et du peuple, ni l'ethnicité le seul opérateur de tri. Si, en France, la droite remet régulièrement en débat la question du retrait de la nationalité française, la pression discriminatoire sur l'appartenance à la communauté nationale s'y joue aussi sur un terrain beaucoup plus subtil. L'injonction d'« assimilation » (ou d'« intégration »), maniée par la gauche comme par la droite, signale bien l'existence d'une certaine extériorité nationale pour une partie de la population. On est donc plus ou moins français, Français à part entière ou Français « de papiers » – pour reprendre une expression populaire d'une grande lucidité.

De ce point de vue, la laïcité répressive, popularisée depuis les années 1990 et devenue pour beaucoup de femmes et d'hommes politiques, voire d'intellectuels, un des marqueurs de l'identité nationale, est un puissant opérateur de tri. S'il est beaucoup plus « soft » que l'opérateur ethnique et ne porte aucun germe de logique génocidaire, il est symboliquement très violent. En effet, cette affirmation sélective de l'identité nationale, en Europe notamment, se croise avec la légitimation sécuritaire des États et la désignation d'un ennemi à la fois extérieur et intérieur. Et, en France, l'injonction laïque prend une tonalité fortement sécuritaire : avec l'extériorité culturelle supposée de ses citoyens de « culture musulmane » – qu'ils soient croyants ou non –, c'est une menace pour la communauté nationale qui est aussi pointée du doigt.

Ces logiques sont à ce point ancrées dans le paysage politique mondial que la campagne électorale de Barak Obama en 2008 pouvait paraître particulièrement anticonformiste. Entièrement construite autour d'une conception « inclusive » de la nation américaine où chacun pouvait avoir sa place, elle prenait à rebours les vents dominants du moment. Mais les sept années qui se sont écoulées depuis montrent qu'en ce domaine les meilleures intentions peuvent buter sur l'époque. Car si les dirigeants des États sont tentés de surfer sur les « incomplétudes » du sentiment national – pour reprendre l'expression d'Arjun Appadurai – et sur les angoisses collectives qu'elles provoquent, la question posée reste entière : pas de démocratie sans peuple.

Mais qu'en est-il donc des élections ? Force est de reconnaître qu'elles font de moins en moins rêver les peuples. En France, la participation électorale est en baisse régulière depuis le milieu des années 1980 (voir graphique).

PARTICIPATION ÉLECTORALE
EN FRANCE - MOYENNES DÉCENNALES

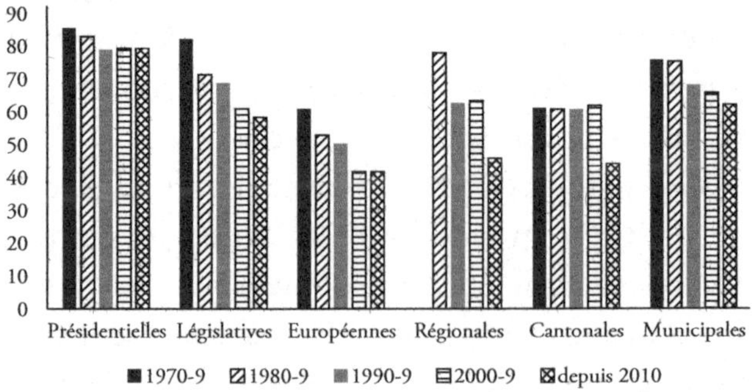

Source : Alain Bertho.

Elle l'est aussi en Europe, comme l'a montré en 2009 une étude du politologue bulgare Antoni Todorov[8]. Pour les élections législatives, elle passe de 93 % à 76 % entre 1990 et 2009 en Europe de l'Ouest (moyennes décennales) et de 76 % à 54 %

8. Antony TODOROV, « Y a-t-il démocratie sans participation ? », *Sociologies*, 5 novembre 2009, <ur1.ca/o8776>.

en Europe centrale et orientale. La nouveauté de l'installation de la démocratie libérale et des élections libres qui ont suivi la fin des régimes communistes n'a pas été en effet un gage d'enthousiasme citoyen. Au cours des années 2000, la participation électorale est tombée à 47 % au Kosovo et en Pologne, 52 % en Lituanie, 61 % en Serbie…

La situation est plus contrastée en Amérique latine, où le vote peut être obligatoire (Brésil) et où la participation peut aussi être forte autour d'un enjeu spécifique (comme les élections à la présidence d'Evo Morales en Bolivie en 2005, 2009 et 2014). Tandis que la participation est faible en Colombie, au Mexique, au Honduras (où elle continue de baisser)[9]. Au Chili, l'élection présidentielle de 2013 s'est jouée entre 49 % de votants au premier tour et 42 % au second.

Sur le continent africain, les variations sont fortes. En Côte d'Ivoire, le scrutin présidentiel de 2000 n'avait mobilisé que 37 % des électeurs, mais celui de 2010, 84 %. Au Sénégal, l'élection dramatisée qui a vu en 2012 la défaite du président sortant, Abdoulaye Wade, a mobilisé moins de 52 % des électeurs au premier tour et 55 % au second.

---

9. Olivier Dabène, *Amérique latine, les élections contre la démocratie ?*, Presses de Sciences Po, Paris, 2008.

L'élection présidentielle malienne de 2013 en a mobilisé 49 % au premier tour et 46 % au second. En Tunisie, aux élections de 2011, le taux de participation a été de 99 % par rapport aux inscrits, mais de 51 % par rapport aux Tunisiens en âge de voter, 48 % n'ayant pas été inscrits[10]... Quant à l'Inde, réputée être la « plus grande démocratie du monde », l'abstention a été de 38 % en 1998, 42 % en 2004, 40 % en 2009, mais de 30 % en 2014 lors de la victoire du nationaliste hindou Arendal Modi.

Le paysage est certes inégal, mais on peut néanmoins affirmer que le manque d'enthousiasme électoral est devenu un phénomène planétaire. Paradoxalement, cela n'empêche pas les élections de déchaîner les passions et la violence. Car si le dispositif de représentation électorale n'est plus un opérateur d'inclusion politique populaire, il n'est pas non plus un opérateur de pacification des conflits. La méfiance vis-à-vis des dirigeants, les soupçons de fraude et de manipulation font de plus en plus souvent des périodes électorales des moments d'affrontements et d'émeutes.

Le Burundi en a donné un spectacle sanglant de mars à septembre 2015, le Congo en janvier,

10. Éric VERDEIL, « La participation aux élections tunisiennes : un regard géographique », *Rumor*, 2 janvier 2012, <url.ca/o878a>.

la Guinée d'avril à septembre 2013. Sur tous les continents, l'année 2011 et le printemps 2012 ont été une période de grands affrontements électoraux, mais pas uniquement dans les urnes : loin d'apaiser et de trancher les conflits politiques et sociaux, les élections deviennent alors l'occasion d'émeutes (voir tableau). La semaine qui suit les élections locales en Colombie en octobre 2011 est ainsi marquée par la contestation violente des résultats, allant jusqu'à l'incendie de trois mairies : douze départements sont touchés, en particulier ceux de Bolivar (cinq villes concernées, trois mairies incendiées), Cesar (deux villes) et Cundinamarca (deux villes). On compte au moins cinq morts.

Émeutes et affrontements
liés aux élections dans le monde
(2011-2014)

	2011		2012		2013		2014	
	Total	**Pays**	**Total**	**Pays**	**Total**	**Pays**	**Total**	**Pays**
Afrique	42	13	49	10	53	12	51	9
Amérique	40	6	6	4	14	2	20	4
Asie/ Océanie	7	4	10	7	47	11	45	5
Europe	8	4	1	1	1	1	2	2
Total	*97*	*27*	*66*	*22*	*115*	*26*	*118*	*20*

Si le Sénégal a évité la guerre civile dans laquelle a plongé brièvement la Côte d'Ivoire, la fin de la présidence Wade ne s'est pas déroulée sans heurts : émeute le 23 juin 2011 contre le projet de réforme constitutionnelle et semaine d'affrontements meurtriers avant le premier tour en février 2012.

Les difficultés croissantes de trois grands pays comme l'Égypte, le Bangladesh et l'Inde à trouver une stabilité politique ont une dimension commune : l'absence d'un consensus national sur la constitution politique du peuple par-delà sa diversité culturelle et religieuse. Les affrontements communautaires en Inde, les persécutions des coptes et le face-à-face entre le pouvoir et un fort courant islamiste en Égypte comme au Bangladesh trouvent difficilement leur espace d'expression politique dans un système électoral lui aussi violemment contesté. Les élections indiennes, locales et nationales, n'atteignent pas toutefois les niveaux de violence du Bangladesh (deux cents bureaux de vote attaqués en janvier 2014). En Égypte, le système constitutionnel lui-même peine à trouver une légitimité.

2011-2014 : places occupées et construction du commun

Le Nous, décidemment, ne se décrète pas. Il se construit dans la mobilisation et l'espérance. Face à la mondialisation, les années 2010 ont vu l'émergence de trois Nous, trois figures possibles de la puissance subjective collective en dehors du dispositif étatique, voire contre lui : le Nous des insurgés du printemps arabe de 2011, celui des 99 % du mouvement Occupy et celui d'Amedy Coulibaly justifiant dans une vidéo posthume son opération meurtrière du 9 janvier 2015, autrement dit le Nous des djihadistes. S'il faut en effet distinguer le Nous d'Occupy des Nous tunisiens, égyptiens ou sénégalais, il faut aussi s'interroger sur ce qui, dans le Nous des djihadistes de 2015, est profondément contemporain dans l'articulation du singulier et du commun, au-delà de l'usage des réseaux sociaux qui est, lui, devenu universel.

Il y a eu dans les mobilisations tunisiennes de décembre 2010-janvier 2011 et égyptiennes de janvier-février 2011 une rare puissance subjective. Dans les deux cas, malgré une répression féroce, quelques semaines ont suffi pour congédier un dictateur redouté. Dans les deux cas, le fameux « Dégage ! » n'avait qu'une voix : celle d'un peuple uni et convaincu de sa force et de son bon droit. Son drapeau n'était ni rouge ni vert, mais le drapeau national. Le peuple a ressurgi quand il a décidé d'incarner un destin collectif, un destin national contre des pouvoirs auxquels on déniait toute légitimité en ce domaine. La sanction ne s'est pas fait attendre. Dans le monde arabe, là où le peuple insurgé a su incarner la nation bafouée, il a été rallié par l'armée dont le rôle a été central, en Tunisie comme en Égypte, dans le dénouement final. Mais, dans les pays arabes où l'unité nationale est moins ancienne et plus fragile, le peuple insurgé n'a pas pu incarner ce destin national et l'issue a été bien différente : la révolte des chiites a été défaite au Bahreïn, l'État libyen s'est effondré sans construction alternative après l'intervention occidentale et, en Syrie, Bachar el-Assad a méthodiquement massacré son opposition et son peuple, en travaillant la diversité des identités ethniques ou confessionnelles[11].

Ailleurs dans le monde, nombre de mobilisations des années suivantes ont pris le même chemin nationaliste. En 2012, celle des étudiants québécois contre la hausse des droits d'inscription universitaires

---

11. Voir François BURGAT et Bruno PAOLI (dir.), *Pas de printemps pour la Syrie. Les clés pour comprendre les acteurs et les défis de la crise (2011-2013)*, La Découverte, Paris, 2013.

a arboré le drapeau du Québec et renouvelé la thématique nationale francophone au sein du Canada. Ce « printemps érable » s'est achevé sur la dissolution de l'Assemblée et la victoire électorale d'un Parti québécois qui n'a pas vraiment compris ce qui lui arrivait et n'a pas su faire grand-chose de ce regain de légitimité. En 2013, le drapeau turc a flotté au-dessus des rassemblements composites de la place Taksim à Istanbul et dans la centaine de villes turques où la mobilisation s'est propagée. Au même moment, à des milliers de kilomètres, le drapeau brésilien était porté haut par les manifestants de Rio ou São Paulo, comme le drapeau ukrainien a coloré la place Maiden à Kiev durant l'hiver 2013-2014.

Pourtant, ce Nous national se pose difficilement comme un Nous « constituant », pour reprendre le mot de Toni Negri[12]. Affirmé contre le pouvoir en place, il reste à distance de ceux qui le remplacent et laisse à d'autres – en l'occurrence les islamistes en Tunisie comme en Égypte – le soin de gérer l'État. Rares restent les occasions ouvertes de travail sur l'identité nationale elle-même. En février 2011 au Sénégal, ce travail a été lancé par le mouvement Y'en a marre, avec sa campagne sur le « Nouveau

12. Antonio NEGRI, *Le Pouvoir constituant. Essai sur les alternatives de la modernité*, PUF, Paris, 1997.

type de Sénégalais » (NTS) qui a alors structuré les réseaux locaux des « esprits » (structures de base du mouvement) ; mais les leaders du mouvement ont refusé toute participation, de près ou de loin, à la vie politique institutionnelle. Quant au mouvement ukrainien Euromaïdan né en novembre 2013, ce qu'il a donné à voir est à cent lieues d'un travail sur l'identité nationale : une sorte d'« Ukraine éternelle » s'est alors affichée, un nationalisme dur et combattant excluant de fait les Ukrainiens russophones et ouvrant la voie à la guerre civile.

Dans le monde entier, la réussite du mode opératoire (l'occupation d'une place) des soulèvements tunisien et égyptien du début 2011 a ainsi paradoxalement inspiré dans les mois suivants des mobilisations dont la subjectivité était souvent très différente, comme le mouvement des Indignés et l'occupation de la Puerta del Sol en Espagne à partir du mois de mai et le mouvement américain Occupy en octobre. Tous ont alors participé à une séquence mondiale tout à fait singulière, que l'hebdomadaire américain *Time* a saluée en décembre 2011 en faisant du *protester* la « personnalité de l'année », avec ce sous-titre : « Du printemps arabe à Athènes, d'Occupy Wall Street à Moscou ». Ce faisant, le magazine voulut lui donner un visage. Le graphiste californien Franck Shepard Fairey, *alias* Obey Giant, a été mis à contribution pour illustrer la couverture de ce numéro. La synthèse suggérée par le regard de l'artiste n'est pas si évidente. Si le foulard et la gamme chromatique suggèrent fortement le printemps arabe, une jeune militante du mouvement Occupy californien a en fait servi de modèle, même si le « 99 % » du dessin original a disparu de la couverture du *Time*[13].

Or, à y regarder de près, le fameux « 99 % » inventé le 5 août 2011 par un petit groupe de militants new-yorkais animés notamment par l'anthropologue David Graeber[14] est assez éloigné du Nous national que nous venons de croiser. C'est un Nous à ambition universelle. Il s'inscrit dans la filiation du mouvement altermondialiste du début du siècle et des forums sociaux mondiaux et continentaux initiés à Porto Alegre en 2001. Comme les forums sociaux, le Nous des 99 % propose une référence militante et identitaire globale et peut se décliner à l'infini,

13. La couverture du *Time* est reproduite dans ce billet qui en propose une analyse plus détaillée : Alain BERTHO, « Portrait de la singularité quelconque », *Portraits du contemporain*, 28 mai 2012, <url.ca/o8ofz>.

14. « Ce que nous avons tous en commun, c'est que nous sommes les 99 % qui ne tolèrent plus l'avidité et la corruption du 1 % restant » (voir <http://occupywallst.org> ; et David GRAEBER, *Comme si nous étions déjà libres*, Lux Éditeur, Montréal, 2014, p. 52).

d'Occupy Wall Street à Occupy Venice. Cette référence tente d'établir un dispositif de démocratie sans porte-parole à l'échelle du capitalisme mondialisé. Sorte de figure emblématique de la « multitude » au cœur de l'« empire »[15], elle a la même faiblesse que les forums sociaux : elle ne s'incarne pas dans la confrontation avec un pouvoir, ne porte pas de stratégie et prend donc difficilement racine dans un enjeu local ou national. Cette désincarnation relative a eu du coup des effets à rebours des ambitions affichées – en novembre 2011, les capacités de rassemblement du mouvement des Indignés français et de leur campement sur l'esplanade de la Défense sont ainsi restées dérisoires.

Reste que ce mode opératoire nouveau s'est également incarné au service de stratégies plus locales. À Hong Kong en 2014, le mouvement de contestation et de désobéissance civile Occupy Central ne s'identifiait pas à celui des 99 % : il a fait front face au pouvoir chinois plus qu'à la financiarisation du monde. Il en est de même de la matrice espagnole de cette mobilisation, largement investie dans la situation nationale et prolongée en 2014 dans le mouvement Podemos.

---

15. Voir Antonio NEGRI et Michael HARDT, *Empire*, Exils, Paris, 2000 ; et *Multitude*, La Découverte, Paris, 2004.

La sombre force d'attraction du « Nous » combattant des djihadistes

Mais s'il est aujourd'hui un Nous à vocation non nationale qui incarne durablement et avec force une stratégie contre la mondialisation et les pouvoirs qui la dirigent, c'est hélas celui des djihadistes. Il porte par la terreur l'affirmation d'une identité à vocation universelle au service d'un pouvoir religieux, le califat, dont l'ambition ne l'est pas moins. C'est un élément essentiel de sa force d'attraction : il s'agit d'un Nous combattant en rupture avec l'ordre des choses, qui s'oppose au Vous de l'ennemi. C'est un Nous de fin du monde, qui prend acte de la puissance terrestre des fauteurs de malheur et des échecs des soulèvements. C'est enfin un Nous qui offre un sens à des « Je » égarés. Les récits à la première personne de djihadistes français (le plus souvent convertis) rapportés en 2014 par David Thomson sont tout à fait éclairants à cet égard[16]. Giorgio Agamben aurait-il pu prévoir que le sort choisi des « singularités quelconques » manifestant contre l'État qu'il voyait en 1990 allait être cette identification malheureuse à un destin divin ?

16. David THOMSON, *Les Français djihadistes*, Les Arènes, Paris, 2014.

Ce Nous s'inscrit dans la durée. Il offre un refuge, un « chez nous ». « Même chez nous, on n'a plus le droit d'appliquer la charia maintenant » : c'est ainsi qu'Amedy Coulibaly justifie ses meurtres de janvier 2015 dans la vidéo posthume où il apparaît les armes à la main. Ce Nous suppose une conversion au sens le plus fort : conversion de ceux qui découvrent l'islam bien sûr, mais aussi conversion de chacun à des règles de vie nouvelles, en rupture avec la vie passée et avec ce qui est bientôt considéré comme ses errances. C'est un Nous qui intériorise sa discipline, tout à la fois universel et intolérant à tout ce qui peut lui faire obstacle.

Le chaos qui vient n'est donc pas seulement celui de l'empire. La mondialisation a rebattu les cartes des peuples, des sentiments d'appartenance, des élans collectifs, des puissances subjectives qu'on appelle peuples, classes ou sujets historiques. L'émergence multiple des « nous autres », du ressentiment, de la frontière, du barbelé, voire du massacre met à l'épreuve le commun de l'humanité[17]. Face à l'unification mortifère du marché, le djihad peut se présenter comme une unification alternative, libérée de la fragmentation nationale, proposant un sens

17. Alain BERTHO, *Nous-autres, nous-mêmes. Ethnographie politique du présent*, Le Croquant, Vulaines-sur-Seine, 2007.

collectif et individuel, une stratégie et une éthique. Mais, surtout, ce Nous djihadiste ambitionne de convertir toute les violences subies en violence mobilisatrice et purificatrice. Il fait de la guerre une politique et de ses militants des combattants. Sa capacité de séduction se situe aussi sur ce terrain.

4

La jeunesse en première ligne

« La jeunesse : avenir de demain. »

Affiche à la Foire aux problèmes,
22 janvier 2012, Dakar.

Se préparer à la catastrophe sans compter sur personne que soi-même : telle est l'ambition de Madeleine Beaulieu, l'héroïne du film de Thomas Caillet *Les Combattants* (2014). Même la préparation militaire à laquelle elle s'est inscrite ne lui semble pas à la hauteur des besoins, trop marquée par une éthique de la solidarité du groupe. Or à cette solidarité face aux menaces, elle n'y croit pas plus que Lisbeth Salander, l'héroïne de la trilogie *Millénium* de Stieg Larson[1]. L'une est athlétique, issue d'une famille ordinaire, l'autre est malingre, mise sous tutelle, hackeuse, poursuivie par la police

1. Sieg LARSON, *Millenium*, Actes Sud, Arles, 2005-2007.

alors qu'elle tente d'échapper à un père criminel. L'une compte sur son corps et l'autre sur son cerveau. Mais les deux ont en commun de porter une figure de la jeunesse sans confiance dans l'avenir ni dans les adultes, la figure d'une génération acculée au combat. « Au printemps 2012, nous avons marché vent debout, à l'envers du temps, et c'est vers nous que nous allions », conclut Gabriel Nadeau Dubois dans son livre *Tenir tête*, à propos de ce « printemps érable » dont il fut l'un des leaders[2].

Une génération réprimée dans l'indifférence ?

La génération qui vient est la première génération « posthistorique ». Au nord comme au sud de la planète, sous des formes certes fort différentes, l'espoir de la révolution et du progrès social, la confiance dans le progrès scientifique ont souvent bercé la jeunesse des parents et des grands-parents de ces jeunes et forgé leur vision du monde. Jusqu'aux années 1970, la vie de leurs aînés s'inscrivait dans un sens historique. Le passé éclairait le présent et le présent préparait l'avenir. Au nord, la génération de

2. Gabriel NADEAU DUBOIS, *Tenir tête*, Lux, Montréal, 2012.

1968 a grandi dans la croissance industrielle, connu les indépendances des nations colonisées, bénéficié d'une ascension sociale intergénérationnelle, conquis des libertés individuelles en brandissant les espoirs révolutionnaires collectifs de l'époque.

Mais tout se passe comme si cette « génération 68 » avait croqué l'héritage de l'espérance, en s'assurant une vie meilleure à défaut de construire un monde meilleur. Et le sens de l'histoire a, un peu, été oublié en route. Voici déjà quelques décennies que les politiques mémorielles disputent à la réflexion historique sa légitimité culturelle. N'est-ce pas un aveu de taille ? Il ne s'agit plus de construire le futur, mais d'éviter les erreurs du passé... Le « devoir de mémoire » ne transmet qu'une mémoire morte.

Quelle est la crédibilité aujourd'hui d'une « transmission des valeurs » lorsque l'expérience de ceux qui les portent est, trop souvent, à la fois un déni subjectif des espoirs de leur propre jeunesse et l'exemple vivant des échecs de leurs choix successifs, qu'ils soient individuels ou collectifs ? Pour la génération qui arrive à l'âge adulte dans les années 2010, une évidence s'impose : au bout du chemin emprunté par leurs parents, qu'ils aient immigré pour une vie meilleure, milité pour des lendemains qui chantent ou œuvré à leur propre « réussite », il y a une impasse. Plus d'espoir collectif de révolution ou de progrès social et peu d'espoir de réussite individuelle. Le compte à rebours de la planète semble avoir commencé sans que rien n'arrête la course à la catastrophe.

N'attendez ni regrets ni *mea culpa* collectif. C'est plutôt l'arrogance qui domine. Puisque l'avenir était plus beau dans le passé – comme pour certains la République avait été plus belle sous l'Empire[3] –, il reste à organiser le culte de ses vestiges : l'indépendance algérienne, la Grande Russie ou la République… Et gare à cette jeunesse qui, préoccupée d'elle-même, voudrait incarner cet « avenir de demain » placardé lors de la Foire aux problèmes de Dakar organisée par le collectif Y'en a marre en 2012. D'un bout à l'autre de la planète, ce ne sont que réponses marchandes et disciplinaires : des droits d'études universitaires à prix coûtant car l'avenir ne mérite plus qu'on y investisse l'argent public, le rappel à l'autorité (des parents, de la morale, de la police), la répression brutale des écarts collectifs et individuels. La jeunesse est dans la ligne de mire

3. Mot de l'historien Alphonse Aulard (1849-1928), qui écrivait en 1885 : « Ah ! Que la République était belle sous l'Empire ! » (cité par Georges BELLONI, *Aulard, historien de la Révolution française*, PUF, Paris, 1949).

de tous ceux qui veulent faire oublier qu'ils ont saccagé l'avenir.

La « ligne de mire » n'est d'ailleurs pas qu'une expression abstraite. Sur tous les continents, des jeunes meurent de ne pas avoir respecté avec assez de distance l'autorité de la police. Sur tous les continents depuis le début du siècle, ces victimes deviennent des symboles et leur mort provoque des émeutes de plus en plus nombreuses : de 2001 à 2014, j'ai pu ainsi recenser 411 émeutes de ce type dans le monde, décompte certainement loin d'être exhaustif (voir tableau page suivante).

Certains ont gardé un nom et un prénom : Zyed Benna et Bouna Traoré à Clichy-sous-Bois (2005), Moushin Sehhouli et Laramy Samoura à Villiers-le-Bel (2007), Alexis Grigoropoulos à Athènes et Freddy Villanueva à Montréal (2008), Jésus Vieira à Sétubal (Portugal, 2009), Mohammed Bouazizi à Sidi-Bouzid (Tunisie, 2010), Mark Duggan à Londres (2011), Freddie Gray à Baltimore et Michael Brown à Ferguson (États-Unis, 2014)… Mais tant d'autres sont restés anonymes dans les annales de ces « hécatombes des soldats de plomb[4] ».

4. Alain BERTHO, « 2005-2009, l'hécatombe des soldats de plomb », *Mediapart*, 11 août 2009, <url.ca/o91k8>.

Émeutes liées à la mort d'un jeune dans le monde (2001-2014)

	2001-2007		2008		2009		2010	
	Total	Pays	Total	Pays	Total	Pays	Total	Pays
Afrique	2	1	2	2	5	4	8	5
Amérique	2	1	2	2	7	6	16	8
Asie	5	4	3	2	6	3	12	4
Europe	28	4	24	4	9	3	6	2
Total	*37*	*10*	*30*	*10*	*27*	*16*	*42*	*19*

	2011		2012		2013		2014	
	Total	Pays	Total	Pays	Total	Pays	Total	Pays
Afrique	13	10	16	8	14	9	12	6
Amérique	5	2	16	5	15	7	44	7
Asie	10	4	29	6	31	6	44	8
Europe	7	4	5	1	4	3	10	2
Total	*35*	*20*	*66*	*20*	*64*	*25*	*110*	*25*

Qui se souvient en France d'Iliess, seize ans, tué dans un accident alors qu'il était poursuivi par la police à Romans-sur-Isère le 28 septembre 2008, de Mohamed, vingt et un ans, mort en garde à vue à Firminy le 7 juillet 2009, de Jason et Yakou, dix-huit ans, tués dans des accidents de moto en tentant de fuir la police à Louviers et Bagnolet durant l'été

2009 ? Qui a entendu parler de Peppe et Pasquale, dix-sept ans, tués dans un accident de moto alors qu'ils étaient poursuivis par la police à Palerme le 2 octobre 2008 ? Qui connaît le sort de Li Shufen, quinze ans, violée et assassinée par des notables locaux à Weng'an dans le Guizhou en juin 2008, de Li Guochao, trente et un ans, mort dans un accident de moto lors d'un barrage de police à Shenzhen, dans le Guangdong en novembre 2008, d'Abdelkader Yettou, vingt-six ans, tué par la police à Oran le 1er juin 2009 ?

Chacune de ces morts a pourtant été un drame familial et un traumatisme collectif, provoquant à chaque fois une à plusieurs journées d'émeutes. Le scénario semble immuable : l'émotion et la rage des plus jeunes éclatent dans l'indifférence ou la réprobation consensuelle d'un monde adulte toujours prêt à criminaliser les victimes ou à donner des leçons de morale aux parents. Il y a bien sûr des exceptions : la mort de Mohammed Bouazizi en décembre 2010 est à l'origine de l'incendie qui emporta le régime de Ben Ali en quatre semaines. Mais il y a également bien d'autres effets à long terme de ces traumatismes, plus souterrains et potentiellement dévastateurs.

Quand Ali Rezgui, voleur de motos de dix-neuf ans, meurt en France sous les tirs de la police le 17 septembre 2000 sur un parking de Combs-la-Ville (Seine-et-Marne), aucune enquête n'est ouverte sur la « bavure ». Une fois passés les deux jours d'émeutes à la cité de la Grande Borne (Essonne) où Ali habitait, médias, politiques et policiers tournent la page. Qui s'est soucié de son complice et ami âgé de dix-huit ans, sorti physiquement indemne de l'aventure et dans les bras duquel il a rendu l'âme ? Qui s'est soucié de ce jeune Amedy Coulibaly, qui va alterner pendant les quinze années suivantes délinquance, prison et fugitives apparitions médiatiques (comme lors d'une visite en juillet 2009 au président de la République Nicolas Sarkozy[5]) avant de laisser son nom sanglant dans l'histoire en tuant quatre otages dans l'Hyper Cacher le 9 janvier 2015 ? Que sont devenus les jeunes incendiaires de voitures de 2005 en France qui ont aujourd'hui entre vingt-cinq et trente ans ? Que vont devenir les émeutiers de Londres en 2011 ou de Ferguson et Baltimore en 2014 ?

Cette rage face à l'injustice d'une mort impunie ne juge jamais les victimes. Petits délinquants ou simples contrevenants comme Mohammed

5. « Amedi, vingt-sept ans, rencontre Sarkozy cet après-midi », *Le Parisien*, 15 juillet 2009, <www.url.ca/o91u0>.

Bouazizi, militants comme Alexis Grigoropoulos ou simples passants que leur âge avait rendus suspects, si la police n'a pas fait de différence, l'émotion collective n'en a pas fait non plus. La rage reste souvent cantonnée au quartier, à la jeunesse de la ville, mais elle peut aussi être celle de toute une génération des quartiers populaires. Et elle peut être plus large encore, comme en Tunisie en 2011 ou en Chine en 2008, où le siège de la police de Weng'an a été attaqué et incendié par une foule bigarrée. Et elle peut aussi, comme en Grèce en décembre 2008, être le fait de la jeunesse scolarisée et se manifester dans les centres-ville.

Une génération mobilisée : les étudiants aux avant-postes

Ces années 2000 et 2010 ont en effet été également marquées par une mobilisation exceptionnelle des lycéens et des étudiants dans le monde, le plus souvent dans une logique d'affrontement sévère. Si la France a cultivé sa différence, notamment en 2006 avec le mouvement contre le CPE, entre les mobilisations étudiantes respectables et les « casseurs » de banlieue, la violence des mobilisations lycéennes a toujours été remarquable.

Dans le monde, en 2010, un affrontement sur six concernait une mobilisation étudiante. La hausse des droits d'inscription parfois vertigineuse a mis le feu aux campus en Californie comme au Royaume-Uni, en Inde comme en Italie. En 2011, la violence de la mobilisation universitaire reste au niveau de l'année précédente et sur les mêmes enjeux. Le début de l'année est marqué par la mise à sac des locaux du parti conservateur au Royaume-Uni (10 novembre 2010) et même l'attaque de la voiture du prince Charles ! La révolte de la jeunesse scolarisée s'est étendue entre 2011 et 2012 notamment en Afrique, où dix-huit pays sont concernés. Si la Colombie reste un foyer notoire d'affrontements universitaires et si le mouvement de la jeunesse scolarisée chilienne pour la gratuité garde alors son souffle et sa volonté d'affrontement, c'est incontestablement le Québec qui est la vedette de l'année 2012, avec le conflit sur la sempiternelle hausse des droits d'inscription.

Le « printemps érable » commence le 13 février 2012, contre l'augmentation programmée par le gouvernement de Jean Charest (Parti libéral). La grève est d'une exceptionnelle longueur. Poursuivie jusqu'à l'été, elle contraint les universités à reculer la rentrée 2012. Comme le gouvernement français lors de la réforme des retraites, le gouvernement québécois refuse de négocier. Malgré cette durée et les accrochages parfois violents avec la police, la grève reste populaire et s'affiche publiquement par son carré de feutre rouge épinglé au col. La répression invente ses lois, notamment la loi 78 votée le 18 mai 2012[6]. Au fil des semaines, le mouvement a pris une figure nationale et le souverainisme québécois change de génération : derrière la question de l'éducation, une conception québécoise de l'État et des services publics est en jeu contre le néolibéralisme fédéral. Le Parti québécois gagne de justesse les élections anticipées le 4 septembre 2012.

6. La loi suspend les sessions collégiales et universitaires de l'hiver 2012 jusqu'en août 2012 dans les établissements en grève, interdit les piquets de grève dans un rayon de 50 m des entrées des établissements et exige la déclaration de l'itinéraire des manifestations 48 heures à l'avance. Dans un autre cas, la manifestation est déclarée illégale, ce qui autorise sa répression.

Émeutes universitaires dans le monde, 2011-2014

	2011		2012		2013		2014	
	Total	Pays	Total	Pays	Total	Pays	Total	Pays
Amérique	97	13	109	12	75	11	69	11
Afrique	25	14	53	18	63	17	84	16
Asie/ Océanie	11	5	15	9	23	8	20	7
Europe	8	4	6	3	14	4	15	5
Total	*141*	*36*	*183*	*42*	*175*	*40*	*188*	*39*

En 2013-2014, la part des mouvements étudiants dans les émeutes et affrontements est forte. La présence des universités ne se limite pas aux seuls enjeux universitaires. Les étudiants égyptiens sont particulièrement investis dans le soutien à l'ex-président Mohamed Morsi et le face-à-face avec le nouveau pouvoir militaire. Il en est de même de la place des universités dans la mobilisation vénézuélienne (qui n'est pas prise en compte dans le tableau ci-dessus). Quant aux universités américaines, au printemps 2014, elles sont confrontées à l'expansion d'un nouveau phénomène : les fêtes universitaires qui tournent à l'émeute alcoolisée. Comme si la rage à exprimer était en excès de tous ses objets possibles.

Au Mexique en 2014, ce face-à-face de la jeunesse et des pouvoirs corrompus a atteint le sommet de la violence et de l'horreur. Quelques jours avant l'anniversaire du massacre de Tlatelolco du 2 octobre 1968, le maire d'Iguala a décidé d'orchestrer une répression féroce de la mobilisation des étudiants de l'École normale rurale d'Ayotzinapa (État de Guerrero). La police tire, laissant six morts, puis entreprend d'intercepter les cars sur la route d'Iguala à Chilpancingo. Les étudiants sont alors embarqués en camion vers une destination inconnue, dont quarante-trois ne reviendront pas. Pendant un mois, jusqu'aux aveux de membres d'une organisation criminelle, les Guerreros Unidos, la disparition reste mystérieuse.

On apprend alors que les étudiants ont été livrés par la police à cette organisation qui les a massacrés et a fait brûler leurs corps dans la décharge d'une localité voisine. Les manifestations, souvent violentes, se multiplient pour protester contre cette disparition puis contre ce crime avéré. Le siège du gouverneur du Guerrero à Chilpancingo est pris d'assaut à plusieurs reprises ainsi que la maison du gouverneur, la mairie d'Iguala est incendiée le 22 octobre, comme le siège du PRI à Chilpancingo le 11 novembre, les bureaux gouvernementaux de la ville le 12. La mobilisation se prolonge en 2015 et vient perturber les opérations électorales de janvier à juin à Chilpancingo, mais aussi à Tixtla, Oriozaba, Oaxaca et touche bientôt une demi-douzaine d'États.

Après 2011, une génération désabusée : « Leurs urnes sont trop petites pour nos rêves ! »

2011, l'année du *protester* selon le magazine *Time,* a sans aucun doute été celle de cette génération, à la hauteur au moins de ce que fut 1968. Ce soulèvement générationnel a eu lieu en trois temps : le printemps arabe, les Indignés espagnols à compter du 15 mai et le mouvement américain Occupy en octobre (voir chapitre précédent). Le « printemps arabe » a commencé en décembre 2010 et son déclencheur fut, rappelons-le, une de ces multiples émeutes en réaction à la mort d'un jeune. Le terme de « révolution » largement utilisé alors est sans doute abusif, en tout cas décalé au regard de la réalité du processus insurrectionnel. Cette génération, on en aura confirmation dans les mobilisations des années suivantes, reste à distance du pouvoir, de ses enjeux et de ses pièges. Comme si la volonté d'émancipation s'émancipait de l'État lui-même.

Durant deux siècles, notre modernité avait fait du pouvoir d'État le moyen des transformations et bientôt le but suprême de toute politique. Mais les émeutiers du XXIe siècle, à l'instar des insurgés ouvriers du XIXe siècle français (1830, 1834, 1848, 1871) dont ils retrouvent sans le savoir bien des convictions[7], le remettent en quelque sorte à sa place, sans pour autant l'abolir. Machiavel lui-même ne parlait-il pas de « perfection » pour qualifier la situation de « désunion de la plèbe et du Sénat[8] » ? Les acteurs des soulèvements populaires ne sont pas ceux qui, dans l'espace de l'État, en Tunisie ou en Égypte, vont tenter d'en tirer toutes les conséquences. Qu'on s'en réjouisse ou qu'on le déplore, le fait est là : ce divorce qui marque depuis des années le phénomène émeutier n'est pas aboli par ces émeutes qui gagnent.

On retrouve ce refus d'une démarche politique stratégique au Sénégal en 2011 et 2012 : le mouvement Y'en a marre s'y est donné comme objectif de « dégager » le président sortant, mais il ne donnera aucune consigne de vote. De même, si

7. Voir sur ce point le livre lumineux de l'historienne Michèle RIOT-SARCEY, *Penser la liberté. Une histoire souterraine du XIXe siècle en France*, La Découverte, Paris, 2016.

8. Nicolas MACHIAVEL, *L'Art de la guerre*, Perrin, Paris, 2011 (1521) (cité par Marie-Rose GUELFUCCI, « Anciens et modernes : Machiavel et la lecture polybienne de l'histoire », *Dialogues d'histoire ancienne*, vol. 34, n° 1, 2008, p. 85-104).

certains leaders du mouvement étudiant chilien de 2011 se sont engagés dans la perspective des élections législatives de 2013, ainsi que l'ont fait chez eux des leaders du mouvement étudiant québécois en 2012[9], ces démarches individuelles n'ont en rien été portées par la mobilisation. Dès décembre 2011, le leader étudiant de Valparaiso Sebastián Farfán Salinas (vingt-trois ans) tirait d'ailleurs des conclusions sévères des tentatives de traduction parlementaire de la force du mouvement : « Nous sommes allés à l'Assemblée pour voir si on pouvait avancer, mais nous nous sommes rendu compte que la droite est dogmatique dans la défense de son modèle d'éducation et que, d'autre part, la *Concertación*[10] a des intérêts [financiers] dans ce système d'éducation.

---

9. Comme Léo Bureau-Blouin, président de la Fédération étudiante collégiale du Québec (FECQ) et Martine Desjardins, présidente de la Fédération étudiante universitaire du Québec (FEUQ), élus en 2012 sur les listes du Parti québécois. Ancien secrétaire général de la Fédération des étudiants de l'université de Valparaiso, Sebastián Farfán Salinas s'est présenté quant à lui aux élections de 2013 sous l'étiquette du Parti humaniste. Camilla Vallejo, ex-présidente de la Fédération des étudiants des universités du Chili (FECh) et membre du Parti communiste chilien, a été alors élue, de même que Kenneth Giorgio Jackson Drago (Revolución democrática), ex-président de la Fédération des étudiants de l'Université catholique du Chili (FEUC).

10. Coalition des partis de gauche et du centre créée en 1988.

Le résultat est là ! Quelques camarades ont pensé qu'à partir de leur représentation parlementaire [au travers de leurs partis], ils pouvaient obtenir des changements. En réalité, ils n'ont rien eu[11] ! »

« Leurs urnes sont trop petites pour nos rêves ! » (*Nuestros sueños no caben en sus urnas*) répètent à l'envi, au même moment, les murs de Madrid. Les Indignés espagnols qui occupent la Puerta Del Sol à partir du 15 mai et dénoncent la corruption et les mensonges du système politique se refusent tout naturellement à donner la moindre consigne de vote lors des élections régionales et municipales du 22 mai 2011. Cette mise à distance des stratégies de pouvoir est aussi celle des occupants de la place Taksim et des manifestants de Rio et São Paulo en 2013, voire d'Euromaïdan en 2013-2014. Aucun de ces mouvements ne se désintéresse bien sûr de la gestion de l'État. Ils ont comme préoccupation centrale soit de faire partir des dirigeants honnis et de dénoncer leur corruption, soit de peser sur des décisions majeures. Cette posture a été dans un certain nombre de cas couronnée de succès, des départs

11. Patricio PARIS, « Chili : bilan 2011 et perspectives 2012 du mouvement étudiant : "Le Chili est une cocotte-minute" », interview de Sebastián Farfán par Rubén Andino Maldonado, *Mediapart*, 25 décembre 2011, <url.ca/o96mu>.

de Ben Ali, Moubarak ou Wade jusqu'à la dissolution de l'Assemblée québécoise en juillet 2012 et le succès du Parti québécois aux élections anticipées du 4 septembre.

Mais le système parlementaire auquel on remet ainsi les clefs de l'avenir révèle alors ses faiblesses. Il est de plus frappant de constater que ces faiblesses sont identiques dans les pays de vieille tradition démocratique et dans ceux qui connaissent parfois les premières élections libres de leur histoire : le résultat des urnes n'est nulle part en mesure de répondre aux attentes populaires. En deux ans, les Tunisiens et les Égyptiens ont fait une expérience terrible : eux qui avaient su rassembler un peuple en nation face à l'État, par-delà toutes les différences, n'ont pas pu institutionnaliser cet élan en établissant les bases d'un État pour tous, fondé sur les principes mêmes qui les avaient mobilisés. La crise de la représentation qui dure dans les vieilles démocraties depuis des années, voire des décennies, a fait chez eux son œuvre en quelques mois.

L'exercice du pouvoir par les Frères musulmans en Égypte connaît des dérives dont on sait l'épilogue : le coup d'État du 3 juillet 2013 soutenu par des millions de manifestants et salué par un feu d'artifice, très vite suivi d'une sanglante répression faisant des milliers de morts dans les rangs des partisans du parti islamiste. Ce retour en force de l'armée à la tête de l'État a été préparé par l'action du mouvement Tamarod (Rébellion) contre la mainmise des Frères musulmans sur l'État et les millions de signatures en faveur d'élections anticipées. Mais l'élection d'Abdel Fattah al-Sissi le 28 mai 2014, avec 96 % des suffrages, referme la parenthèse libérale et démocratique ouverte place Tahrir en 2011.

Au Québec, le jeune leader de la Coalition large de l'association pour une solidarité syndicale étudiante (CLASSE), qui fut à la pointe du printemps érable, tire un bilan désabusé. Gabriel Nadeau-Dubois, vingt et un ans lors de la grève, écrit deux ans plus tard : « Le PQ [Parti québécois], élu au terme de la grève étudiante, a de toute évidence été incapable de saisir l'occasion qui lui avait été présentée. Porté au pouvoir, il a vite enfilé ses vieilles pantoufles et il s'est mis à gérer la province avec l'esprit de boutiquier qui l'anime depuis que Lucien Bouchard en a été le chef[12]. » Le PQ au pouvoir augmente les droits d'inscription universitaires, provoque des élections anticipées en 2014

---

12. Gabriel NADEAU-DUBOIS, *Tenir tête, op. cit.*, p. 207. Lucien Bouchard, fondateur en 1990 du Bloc québécois, qu'il a présidé jusqu'en 1996, a été le Premier ministre du Québec de 1996 à 2001 après l'échec du PQ lors du référendum sur la souveraineté.

et perd la majorité à l'issue d'une campagne sur la laïcité comme marqueur de l'identité québécoise… Gabriel Nadeau-Dubois conclut : « Apparemment, nous n'avons plus de rêves de liberté et de justice, nous avons des états de comptes et des factures. »

Face à la tentation du djihad et du martyre : la porte étroite du possible et de l'avenir

La trajectoire de Gabriel Nadeau-Dubois est remarquable, car son expérience amère, celle de toute sa génération, n'a pas débouché sur le désespoir ou le découragement (ni sur la recherche d'une valorisation de sa notoriété pour une carrière personnelle). Dès août 2012, il démissionne de son poste de porte-parole de la CLASSE, « la tête haute, avec la conviction d'avoir fait [son] devoir et d'avoir participé à un mouvement populaire historique[13] ». Il dénonce alors la « violence inouïe » à l'égard de la jeunesse d'un pouvoir « incarnation même de la corruption et du détournement des institutions publiques ». Son optimisme maintenu, il le puise dans la leçon collective qu'il tire du mouvement :

---

13. Gabriel NADEAU-DUBOIS, « Lutte étudiante. Pourquoi je démissionne », *Le Devoir*, 9 août 2012, <url.ca/9x7sq>.

« Nous, membres de la jeunesse québécoise, savons maintenant ce que nous devons exiger de nous-mêmes. »

Exiger de soi-même pour changer son pays est aussi le leitmotiv du collectif Y'en a marre qui, à travers sa campagne pour le Nouveau type de Sénégalais, prêche auprès de ses « esprits » (collectifs locaux) une véritable éthique de comportement social, notamment contre la corruption. On retrouve la même exigence éthique dans le manifeste *Democracia real YA !*, à l'origine de la mobilisation du 15 mai 2011 à Madrid : « Nous, citoyens, faisons partie de l'engrenage d'une machine destinée à enrichir cette minorité qui ne connaît rien de nos besoins. Nous sommes des anonymes, mais rien de cela n'existerait sans nous, puisque c'est nous qui faisons bouger le monde. [...] Nous pourrons éliminer les abus et les manques dont nous souffrons tous. Nous avons besoin d'une révolution éthique[14]. »

La porte d'un possible commun qui se dessine est donc étroite et exigeante. Elle se situe certainement moins du côté des rassemblements incantatoires d'Occupy ou du succès mondial du salutaire

14. *Democracia real YA ! No somos mercancías en manos de políticos y banqueros*, 15 mai 201, <url.ca/o9azr>.

Indignez-vous ! de Stéphane Hessel[15], que dans l'inscription de l'activité collective dans une situation réelle – nationale, voire locale, comme les « zones à défendre » (ZAD) en France, concept apparu à la fin des années 2000 lors de la lutte contre le projet d'aéroport de Notre-Dame-des-Landes. Ce qui implique une organisation rigoureuse, une éthique militante et une stratégie nouvelle face au pouvoir. Cette porte a été entrouverte, dans le sillage des Indignés espagnols de 2011, par des mouvements comme Syriza (créé en 2004, mais qui n'a émergé qu'en 2012) en Grèce ou Podemos en Espagne (créé en 2014). Elle passe aussi par un rajeunissement radical de ses leaders : Gabriel Nadeau-Dubois est né en 1990, Pablo Iglesias Turrión en 1978, Alexis Tsipras en 1974.

Mais, au mitan des années 2010, cette porte reste étroite et localisée, limitée à quelques situations nationales. Dans bien des cas, les réponses au désespoir et à l'exigence d'éthique et d'efficacité prennent d'autres formes, notamment religieuses et extrémistes. Quand elles n'expriment pas d'étranges confusions. En 2012, le célèbre rappeur français Médine tire ainsi de bien curieuses conclusions de sa rencontre avec

15. Stéphane HESSEL, *Indignez-vous !*, Indigènes Éditions, Montpellier, 2010.

son homologue franco-sénégalais Simon, l'un des fondateurs de Y'en a marre. Il voit dans le projet d'un Nouveau type de Sénégalais une « véritable hygiène de vie » et explique : « Ce concept nous rappelle brièvement la rigueur et le comportement quasi militaire que s'imposaient les fidèles de Nation of Islam afin d'apparaître aux yeux du monde comme une communauté ultradisciplinée et organisée[16]. »

On ne comprend donc pas certaines conversions brutales si on ne les lit pas aussi comme des réponses données aux interrogations de l'époque. Le succès du djihad ne vient pas d'une autre planète, il ne s'explique pas principalement par l'influence délétère de réseaux « étrangers » : il prend racine dans une expérience collective et propose une alternative à l'échec, celle de la guerre et du martyre.

En Tunisie, l'exigence morale intrusive des salafistes tire ainsi profit des déceptions sociales et politiques : Sidi-Bouzid, le berceau du soulèvement, devient un de leurs bastions. Le djihad peut s'inscrire dans une légitimité révolutionnaire. Une autorité religieuse comme l'Égyptien Youssef al-Qardaoui

16. Post sur sa page Facebook : MÉDINE, « Y'en a marre/NTS », 10 août 2012, <url.ca/o9b15>. Nation of Islam est une organisation américaine politico-religieuse, dirigée depuis 1981 par Louis Farrakhan, leader noir promoteur d'une idéologie extrémiste et raciste.

présente le geste de Mohammed Bouazizi « comme expression du djihad contre l'injustice et la corruption » dans un pays qui a connu pas moins de cent sept immolations par le feu dans les six premiers mois de 2011[17]. En 2014 et 2015, le drapeau noir flotte sur certaines mobilisations sociales à Douz, Kef ou à Siliana.

En mars 2015, un rappeur tunisien connu, Marwan Douiri, Emino à la scène, annonce son ralliement à Daech. Celui qui dénonçait les violences policières, celui qui, selon le journaliste David Thomson, était « en mode Jack Daniels/pétard au réveil » et qui avait fait de la prison en 2013 pour possession de cannabis[18], félicite Seifeddine Rezgui, l'auteur du massacre de Sousse le 26 juin 2015. Ce dernier, étudiant de vingt-trois ans, originaire du gouvernement de Siliana, était lui-même passionné de breakdance.

Certaines situations nationales – Tunisie, Égypte, Syrie – enracinent ainsi le djihad comme figure de la révolte ultime et lui donnent sa crédibilité opératoire. Et il y a le halo d'influence que cet enracinement est capable de produire, dont quelques

17. Annamaria RIVERA, *Il Fuoco della rivolta*, *op. cit.*

18. « L'étonnante allégeance à l'EI du rappeur tunisien Emino », France 24, 23 mars 2015, <url.ca/o9dj4>.

travaux (comme le livre de David Thomson[19] ou le rapport de Dounia Bouzar, Christophe Caupenne et Sulayman Valsan[20]) nous permettent de suivre les traces vivantes dans la société française. Selon les chiffres avancés dans un rapport du *think tank* américain The Soufian Group en juin 2014[21], environ 12 000 combattants étrangers auraient alors rejoint le djihad en Syrie depuis le début du conflit (dont 3 000 Tunisiens, 2 500 Saoudiens, 1 500 Marocains, 800 Russes, mais aussi 700 Français, 400 Britanniques, 250 Australiens, 100 Danois, 120 Kosovars). Au total, quatre-vingt-deux nationalités différentes. En juillet 2015, le rapport du député socialiste Sébastien Pietrasanta comptait près de 1 818 Français ou résidents étrangers en France impliqués dans des filières djihadistes en Syrie et en Irak, dont 475 sur place, 290 qui en sont revenus (dont 220 en France), 322 en transit vers la Syrie, 121 morts, deux en prison et 608 préparant plus ou moins leur départ. La

---

19. David THOMSON, *Les Français djihadistes*, *op. cit.*

20. Dounia BOUZAR, Christophe CAUPENNE et Sulayman VALSAN, *La Métamorphose opérée chez le jeune par les nouveaux discours terroristes*, Centre de prévention contre les dérives sectaires liées à l'islam, novembre 2014, <url.ca/o9dl2>.

21. Richard BARRETT, *Foreign Fighters in Syria*, juin 2014, <url.ca/o9dp4>.

progression est fulgurante : + 227 % en dix-huit mois[22].

L'ampleur même du phénomène montre, s'il en était encore besoin, qu'il ne s'agit pas d'une simple radicalisation venue de l'intérieur de l'islam. Ce succès planétaire d'une idéologie de guerre et de martyre s'enracine dans le refus radical d'une certaine mondialisation et dans l'expérience de l'échec des grandes mobilisations, d'une décennie d'émeutes sans effet. Toutes choses égales par ailleurs, cette tentation n'est pas sans rappeler les dérives terroristes qui ont suivi 1968 en France, en Allemagne, en Italie ou au Japon[23]. À une nuance près, de taille : la « bande à Bader » ou les Brigades rouges pensaient ouvrir à leur façon le chemin de l'avenir, alors que les djihadistes veulent y mettre un terme.

---

22. Sébastien PIETRASANTA, *La Déradicalisation, outil de lutte contre le terrorisme. Rapport au ministre de l'Intérieur*, juin 2015, <url.ca/o9dru>.

23. Isabelle SOMMIER, *La Violence politique et son deuil. L'après-68 en France et en Italie*, PUR, Rennes, 2008 ; et *La Violence révolutionnaire*, Presses de Science Po, Paris, 2008.

5

La vérité est ailleurs et Dieu est en ligne

« Tant qu'il n'y a pas de vérité, il n'y a pas d'ordre. Quand il n'y a pas d'ordre, il n'y a pas de justice. L'ordre ne peut être fondé sur le mensonge. »

Un jeune de la Grande Borne,
décembre 2009[1].

En août 2015, devant le siège de Malaysia Airlines à Pékin, les familles chinoises des passagers du vol MH 370 disparu depuis mars 2014 crient une fois encore leur colère. Excédées par plus d'une année d'informations pour le moins chaotiques de la compagnie et du gouvernement malaisiens, persuadées comme d'autres familles que le mensonge et

1. Propos tenu par un jeune dans le cadre d'une enquête menée par l'Observatoire international des banlieues et des périphéries à Grigny de 2008 à 2011 (Amar HENNI, *De quoi jeunes est-il le nom ?*, thèse de doctorat, université de Paris-8, 2015).

l'incompétence l'ont depuis le début emporté sur la recherche de la vérité, elles n'ont plus confiance en rien. Alors qu'on vient d'annoncer l'authentification d'un débris du Boeing 770 disparu trouvé à l'île de La Réunion, Bao Lanfang, soixante-trois ans, dont le fils et la belle-fille étaient à bord de l'avion, déclare au *Guardian* qu'« en 515 jours, ils avaient eu tout le temps nécessaire pour inventer de faux débris[2] ».

L'expérience de la mise en spectacle du monde par les autorités et les médias, comme des petits arrangements avec le réel des discours officiels, est en passe de décrédibiliser toute parole « autorisée ». Mais alors qui dit la vérité et où se niche-t-elle ? Où est donc passé cet « usage public de la raison » qui caractérisait l'espace public moderne[3] ? Nous vivons un paradoxe inédit dans l'histoire de l'humanité : la sophistication de la mise en spectacle du monde, par les médias ou par les moteurs de recherche, coexiste avec la pléthore d'informations aujourd'hui disponibles sur Internet. Chacun peut faire son propre marché dans cette accumulation de vérités potentielles. Maîtres apparents de l'illusion, rompus à la mise en scène et en images, les pouvoirs

2. Tom PHILLIPS, « MH 370 : relatives in China sceptical about debris linked to missing plane », *The Guardian*, 6 août 2015, <url.ca/o9dsv>.

3. Jürgen HABERMAS, *L'Espace public. Archéologie de la publicité comme dimension constitutive de la société bourgeoise*, Payot, Paris, 1962.

sont néanmoins sur le qui-vive : la vérité devient une arme. Militants de la transparence et lanceurs d'alerte sont sévèrement poursuivis. Julian Assange, fondateur de Wikileaks vit cloîtré dans l'ambassade d'Équateur à Londres depuis 2012, Edward Snowden s'est réfugié en Russie en 2013.

Le triomphe de la politique du spectacle

Monsieur K, homme posé, la cinquantaine, Ivoirien réfugié politique en France, faisait un peu figure de sage au sein du collectif des résidents d'un squat dont j'avais accompagné la mobilisation en 2008. Ces résidents ayant été finalement régularisés et relogés, j'ai passé quelques heures avec les principaux animateurs de cette mobilisation pour en tirer ensemble quelques leçons. À ma question « Diriez-vous que votre mobilisation était politique ? », Monsieur K. a eu cette réponse inattendue : « Oui, à un moment donné, il a fallu faire de la politique. Il a fallu commencer à mentir. » La politique serait-elle aujourd'hui assignée au mensonge ?

Certes, « gouverner, c'est faire croire ». La sentence attribuée à Machiavel correspond bien à l'esprit, sinon à la lettre de son fameux *Prince*. Quels que soient les régimes, les gouvernants ont toujours intégré la mise en scène du pouvoir, de leur pouvoir, dans l'exercice de ce dernier. Il y a des siècles que gouverner, c'est aussi produire du spectacle et du symbolique. La politique se montre et se raconte. Elle est représentation et lutte de représentations. Au XXe siècle, cette activité a pris successivement les noms de « propagande » et de « communication ». En France, le gouvernement dispose d'un « porte-parole » depuis 1969. La critique de cette activité, de Jacques Ellul[4] à Noam Chomsky en passant par Ignacio Ramonet[5], s'est attachée à montrer qu'au-delà de la mise en scène du pouvoir, on était passé à la production pure et simple d'illusions, de théâtres d'ombres destinés cette fois-ci à détourner le regard populaire. Les « hommes d'influence[6] » sont devenus des professionnels du leurre politique.

Communication, illusion et spectacle sont aujourd'hui complètement intégrés à l'exercice du

---

4. Jacques ELLUL, *Propagandes*, Armand Colin, Paris, 1962 ; Jacques ELLUL, *L'Illusion politique*, Robert Laffont, Paris, 1965.

5. Ignacio RAMONET, *Propagandes silencieuses. Masses, télévision, cinéma*, Gallimard, coll. « Folio », Paris, 2002.

6. *Des hommes d'influence* (*Wag the Dog*) est un film américain de 1997 réalisé par Barry Levinson, mettant en vedette Robert De Niro, Dustin Hoffman et Anne Heche. Le film, adapté du roman de Larry Beinhart *American Hero*, raconte l'« invention » totale d'une guerre à des fins de politique intérieure.

pouvoir. La « production de l'actualité » prend le pas sur l'administration des choses. Il est plus important de changer le mode de calcul du chômage que de tenter de faire progresser l'emploi, plus important d'annoncer des mesures que de les mettre en place, de parler plutôt que de faire. Les « éléments de langage » deviennent une stratégie à part entière. Les mots sont des signes de reconnaissance, des balises de l'espace public autorisé. Ils sont l'assurance que l'information pourra entrer dans une case, une rubrique de journal, s'identifier à la dernière polémique en vogue, correspondre au titre d'une rubrique audiovisuelle.

Ces mots ne sont plus des véhicules de la pensée, mais des marqueurs d'énoncés compatibles entre eux. Les mots imposent leur propre cohérence : « Procédures internes, écrit Michel Foucault, puisque ce sont les discours eux-mêmes qui exercent leur propre contrôle ; procédures qui jouent plutôt à titre de principe de classification, d'ordonnancement, de distribution, comme s'il s'agissait cette fois de maîtriser une autre dimension du discours : celle de l'événement et du hasard[7]. » L'actualité devient une succession d'« événements discursifs ».

---

7. Michel FOUCAULT, *L'Ordre du discours*, Gallimard, Paris, 1971, p. 23.

La réussite de cette production de l'« actualité » se mesure à sa capacité à « faire événement » sur la scène spectaculaire, à imposer les « questions dont on parle », à modeler l'agenda quotidien de la représentation et du trompe-l'œil. Un demi-siècle après son annonce, la *Société du spectacle* de Guy Debord se réalise ainsi sous nos yeux : « Les images qui se sont détachées de chaque aspect de la vie fusionnent dans un cours commun, où l'unité de cette vie ne peut plus être rétablie. La réalité considérée partiellement se déploie dans sa propre unité générale en tant que pseudo-monde à part[8]. » Aurions-nous atteint la perfection du pouvoir du spectacle ? Rien n'est moins sûr. Car si le récit officiel s'impose, il ne trompe pas le regard populaire, qui mesure quotidiennement l'écart entre les mots politiques et son expérience. Et les éléments de langage ne convainquent souvent que ceux qui les inventent et peuvent se briser sur l'expérience commune : « Les hommes politiques croient être des bergers, mais ce sont les bergers d'eux-mêmes », confiait un émeutier de 2005[9].

8. Guy DEBORD, *La Société du spectacle*, Buchet-Chastel, Paris, 1967.

9. Un jeune de la banlieue parisienne, interrogé en 2006 dans le cadre d'une enquête sur le sens des émeutes d'octobre-novembre 2005.

L'usage du terme « crise » est assez emblématique. Le mot a traversé toutes les conjonctures depuis 1974 (crise du pétrole) jusqu'à 2015 en passant par 2008 (crise des *subprimes*) ou par la crise de la sidérurgie dans les années 1970 et bien d'autres. Un mot censé désigner une période exceptionnelle, transitoire, porte pendant trente-cinq ans la construction d'un consensus politique sur les politiques de rigueur, d'accentuation des écarts sociaux et de détricotage progressif de l'État social. En dehors du cercle « autorisé » de ceux qui ont accès à la parole publique, un bruit court avec insistance : cette crise n'est qu'un mot, un mot usé, démonétisé, symbole du fossé qui s'installe entre les pouvoirs et le monde vécu. « La crise, la crise, on entend répéter ça depuis tellement longtemps. Les usines ont déjà fermé. Ils pourraient au moins faire l'effort d'inventer un autre mot », rapporte ainsi en 2010 la journaliste Florence Aubenas[10]. Et, en 2011, Xavier Mathieu, ancien syndicaliste de Continental invité sur le plateau de France 2 pour un débat sur la crise[11], arbore un T-shirt où est imprimée une

10. Florence AUBENAS, *Le Quai de Ouistreham*, L'Olivier, Paris, 2010.

11. « La crise et après », débat à la suite du documentaire *Fric, krach et gueule de bois*, France 2, 11 janvier 2011.

phrase de Coluche : « Il paraît que la crise rend les riches plus riches et les pauvres plus pauvres. Je ne vois pas en quoi c'est une crise. Depuis que je suis petit, c'est comme ça. » La crise, ce sont ceux qui la vivent qui n'y croient pas.

Crise de la vérité et fabrique du complot

En 2009, des jeunes du quartier de la Grande Borne à Grigny ont mené avec des anthropologues de Paris-8 et de Porto Alegre[12] un long travail de formulation sur leur situation et celle du quartier. Ce travail ayant donné lieu à des textes, ils ont eu l'occasion de les présenter eux-mêmes dans les locaux de l'université Paris-8 en décembre 2009, lors d'un colloque sur « État contemporain et subjectivités urbaines » que nous organisions[13]. Il

12. Il s'agit de Sylvain Lazarus (professeur à Paris-8), Amar Henni (doctorant et cadre municipal) et José Damico (professeur à Porto Alegre). Une enquête similaire avait lieu en même temps dans la banlieue de Porto Alegre.

13. Colloque de l'Observatoire franco-brésilien des villes de périphérie (université de Paris-8, Université luthérienne du Brésil-ULBRA, ville de Canoas, Forum des autorités locales de périphérie, Communauté d'agglomération Plaine-Commune), 5-7 décembre 2009, <url.ca/o9e3t>.

était frappant de voir à quel point la question du mensonge structurel de l'État à leur endroit et de l'absence cruelle de la vérité dans les débats publics était au centre de leurs problématiques. Si le travail mené avec eux était exceptionnel, leur expérience ne l'était pas. Cette expérience quotidienne, comme celle de millions de femmes et d'hommes, dévalorise de façon accélérée les lexiques qui furent communs aux politiques, à l'État et aux savants au profit des « mots vécus ». À défaut de mots vrais ?

Ce qu'il faut bien nommer une crise de la vérité partagée a des effets culturels et politiques de masse tout à fait délétères. On peut faire l'hypothèse que la crise de l'apprentissage scolaire à laquelle nous sommes aujourd'hui confrontés n'est pas sans rapport avec cette mise en question du savoir partagé. La crise de l'école est prise entre deux crises de légitimité du savoir institutionnel : la mise en doute de la parole institutionnelle et la concurrence d'une information en ligne avec laquelle les enseignants sont rarement à l'aise. Combien d'entre eux ont été ainsi désarçonnés par un « Moi je pense que… », voire « Moi je crois que… », posé à égalité de l'autorité savante de la raison ? Devant ces difficultés nouvelles, l'apprentissage scolaire s'est raidi. Alors que le savoir devrait être la base de son autorité, c'est à l'autorité qu'on fait appel afin d'imposer le savoir. L'effet en est catastrophique. Un savoir disciplinaire perd sa légitimité rationnelle, il devient suspect.

L'accès à Internet, le mode collaboratif de circulation et de partage des informations et des images ont construit un autre univers de savoir, parallèle, méconnu du monde institutionnel mais d'une très grande puissance. Les enseignants français se sont notamment heurtés à cet univers immergé en janvier 2015 lors des incidents autour de la minute de silence pour les victimes des attentats. Martine Sanz, professeure d'histoire dans un lycée professionnel de Créteil, se trouve ainsi face à des élèves de seconde majoritairement convaincus de l'existence des Illuminati[14]... comme 20 % des Français selon un sondage IPSOS de juin 2014[15]. Cette conviction s'appuie sur une profusion de « preuves » en images diffusées sur Internet, la reprise et l'interprétation de « révélations » de personnalités plus ou moins

---

14. « Complotisme : “Plus de la moitié de mes élèves croient aux Illuminati”. Médias, école : comment enseigner Internet après *Charlie* », *Arrêt sur images*, 30 janvier 2015, <url.ca/o9e8e> ; voir aussi Yves PAGÈS, « Le pseudo-complot Illuminati. L'étrange destin d'une conspiration imaginaire (1797-2015) », *La Revue du crieur*, n° 1, juin 2015.

15. « Un Français sur cinq croit à l'existence des Illuminati », FranceTVinfo, 18 juin 2014, <url.ca/o9efq>.

connues[16], voire quelques livres[17]. Sa force en l'occurrence vient moins de la capacité de conviction des preuves et des témoins que, paradoxalement, du fait que ni les médias ni l'école ne nous en parlent. « La vérité est ailleurs », était ainsi la conclusion immanquable de la série *X-file aux frontières du réel,* créée en 1993 et qui a bénéficié d'un succès certain en Amérique du Nord et en Europe.

Comment s'étonner dans ces conditions que des faits historiques comme la Shoah ou les premiers pas sur la Lune de Buzz Aldrin le 21 juillet 1969 puissent rencontrer l'incrédulité obstinée de jeunes et de moins jeunes ? À plus forte raison, comment s'étonner que les annonces des attentats de New York le 11 septembre 2001, celles de ceux de Londres et Boston en 2013 et donc de ceux de Paris en janvier 2015 soient accueillies avec scepticisme ? Les jeunes générations de ces années-là, rompues à l'usage de l'image sur Internet, disposent en ligne d'argumentaires visuels aussi élaborés que fallacieux pour la contestation de la mise en spectacle médiatique des événements. Les images de l'attentat de

---

16. « Marie Laforet chez Ardisson, Illuminati et francs-maçons », YouTube, 10 janvier 2010, <ur1.ca/o9eg1>.

17. Henry MAKOW, *Illuminati 3. La possession satanique*, 2014 (autoédition).

Boston sont ainsi revisitées pour étayer la thèse d'une mise en scène avec comédiens professionnels[18]. Les images de la prise d'otages et de l'assaut de l'Hyper Cacher de la Porte de Vincennes sont disséquées pour insinuer la thèse d'une manipulation[19]. La vidéo de l'assassinat du policier Ahmed Merabet est analysée comme la preuve d'une mise en scène[20].

Ces vidéos font le buzz. Et ces thèses négationnistes reçoivent des soutiens publics non négligeables. On se souvient, à propos des attentats du 11 Septembre, du succès du livre *L'Effroyable Imposture* du pseudo-journaliste Thierry Meyssan en 2002 ou des déclarations publiques de l'humoriste Jean-Marie Bigard dans l'émission de Laurent Ruquier *On va pas s'gêner* sur Europe 1 le 5 septembre 2008 : « On est absolument sûrs et certains maintenant que les deux avions qui se sont écrasés sur la forêt et le Pentagone n'existent pas. Il n'y a jamais eu d'avion. Ces deux avions volent encore. » Ces thèses font partie d'une

18. « Attentats de Boston : une mise en scène », YouTube, 25 avril 2013, <url.ca/o9ehb> ; « Attentats de Boston, la photo du FBI est truquée, un coup monté », YouTube, 22 avril 2013, <url.ca/o9ehm>.

19. « Hyper Cacher, l'énigme de l'homme à la casquette », YouTube, 16 février 2015, <url.ca/o9ehv>.

20. « *Charlie Hebdo*, ce que les médias n'osent pas montrer », YouTube, 30 janvier 2015, <url.ca/o9ei4>.

sorte de patrimoine culturel de l'ombre : celui d'une mouvance informelle, loin du *mainstream* médiatique mais dont les références sont connues de toute une génération, bien au-delà de ceux qui les partagent. « J'connais l'histoire des vainqueurs/Où est la version des vaincus ?/Ça va au-delà de ce que mon âme tolère/Quand l'imposture du 11 Septembre est dans les programmes scolaires », chante le rappeur français Zirko (SKS Crew) dans *1789* (en novembre 2015, plus de 99 000 vues sur You Tube en vingt mois)[21].

De la révolte au complotisme, aller-retour

Ce doute systématique s'adosse à des théories générales qui, des Illuminati au satanisme, ont en commun de dénoncer une puissance occulte qui domine le monde et manipule médias et gouvernements. Ces théories inspirent toute une littérature mais aussi, modernité oblige, des sites et des vidéos en ligne dont on pourra trouver le florilège français sur Conspiracy Watch, site de l'Observatoire du conspirationnisme et des théories du complot[22].

---

21. « Zirko du SKS Crew, *1789* (Remix Abdallah, 1435) », YouTube, 20 mars 2014, <ur1.ca/o9eiy>.

22. <www.conspiracywatch.info>.

Le complotisme contemporain est en France le fonds de commerce d'une mouvance politique qui s'identifie comme « dissidente » ou « antisystème ». La vérité officielle est toujours suspecte, toujours dénoncée comme une arme dudit « système ». « Preuves » falsifiées à l'appui. Ainsi en juillet 2013, dans une de ses vidéos régulières, le publiciste d'extrême droite Alain Soral reprend en tous points les argumentaires vidéo remettant en cause la réalité des attentats de Londres et Boston[23]. Cinq ans avant, son ami et complice Dieudonné met en scène la thèse de Meyssan dans son sketch « J'ai fait l'con », faisant dire à Bush « Nous avons organisé l'attentat », avant de conclure : « Jean-Marie Bigard a raison[24]. » Le site Meta TV, « fédération de médias indépendants » née dans cette galaxie « dissidente », s'est fait une spécialité de la diffusion de ces thèses : Illuminati, « plan secret du Diable », « 666 et le chaos financier », les « secrets de l'oligarchie anglaise » ou le « scandale des réseaux pédophiles en France ». Le site Le Libre Penseur[25] est aussi un grand pourvoyeur de contenus écrits et audiovisuels qui travaillent toute l'actua-

23. Alain SORAL, « Les faux attentats islamiques », 24 juillet 2013, <url.ca/o9j30>.

24. Dieudonné M'BALA M'BALA, « J'ai fait l'con », 2008, <url.ca/o9j4l>.

25. <www.lelibrepenseur.org>.

lité au prisme de ce regard complotiste, jusqu'à la communication gouvernementale en faveur de la vaccination, qualifiée de « propagande vaccinaliste ».

Tout se recycle et s'actualise, même les plus vieilles rengaines comme la dénonciation de la franc-maçonnerie et surtout l'antisémitisme, dont les tenants extrémistes s'efforcent d'instrumentaliser la solidarité exprimée en France avec les Palestiniens confrontés à la politique israélienne de colonisation et de répression. Complotisme et information « dissidente » ou « subversive » donnent ainsi du grain à moudre à une révolte parfois en errance idéologique. Du grand Satan américain, on passe à la dénonciation du « lobby sioniste ». Et ce dernier est bien vite nommé « lobby sioniste et talmudique ». Mais la dérive ne s'arrête pas là. Le satanisme dénoncé n'est pas seulement une métaphore politique. Les preuves de la malfaisance de l'« élite » sont aujourd'hui argumentées par la légalisation du mariage gay et l'« impunité de la pédophilie ».

Une frange du rap français est embarquée dans l'affaire. L'un des animateurs de Meta TV est le rappeur Tepa[26], dont l'émission « Libre antenne » est une caisse de résonnance de tous les complotismes.

26. Membre du groupe « Les spécialistes », avec Princesse Anies, de 1997 à 2008.

Dénonciation de la franc-maçonnerie, du satanisme, du « complot sioniste », des homosexuels et de la pédophilie s'énonce sans détour dans certains textes de rappeurs manifestant la présence culturelle de ces thématiques bien au-delà de l'audience de tel ou tel. Ainsi SKS Crew dans « La loi du silence » en 2014 : « Ils sont partout tout autour de nous, il y a de quoi en perdre la raison/protégés par la justice, on vous parle des réseaux francs-maçons/criminels et pédo.../On sait ce que le pouvoir fait des sse-go/Rituels et sado... Assez ! La tête dans la merde ils l'ont sodo[27] ! » De même Zirko dans *1789* (déjà cité) : « L'école de Jules Ferry est le meilleur moyen de formater/Parlez d'apartheid et d'holocauste/De ce lobby LGBT [Lesbiennes, gays, bisexuels, trans] qui lave le cerveau de nos gosses/[...] Dans c'cas, pourquoi nous cacher que Louis XV était un pédophile ?/Avec le Diable crois pas qu'on négocie/Derrière Hitler et la révolution, il y avait les Rothschild/République ou dictature franc-maçonnique ? »

La révolte contre l'Occident prend ainsi une tournure de croisade morale, radicale et éradicatrice

27. SKS Crew, « La loi du silence », YouTube, 17 janvier 2014, <url.ca/o9jhm> (115 534 visionnages au 12 novembre 2015).

contre le complot des corrupteurs, au moins dans les mots. Mais on ne peut être que glacé par la dernière image du clip « Le mal par le mal » de SKS. On y voit un homme enchaîné, agenouillé et la tête cachée par un sac. Devant lui, un autre, debout, dégaine un sabre et fait le geste de le décapiter[28]...

Une colère sacrée

Comment et où trouver un principe de révolte et de combat face à la corruption et au mal ? À coup sûr sur Internet et en contradiction avec tous les discours et tous les jugements perçus comme institutionnels. La « réconciliation nationale » prônée par le clan Soral-Dieudonné et le site « Égalité et réconciliation », l'un des plus visités en France, profilent en marge de l'espace politique officiel la possibilité d'une extrême droite populaire, antisémite et islamophile face à un Front national plus blanc, islamophobe et qui tente de faire oublier l'antisémitisme de son fondateur pour mieux assoir sa respectabilité. Mais le travail du doute et de la quête morale est d'une ampleur qui dépasse de loin

28. SKS Crew, « Le mal par le mal », YouTube, 26 décembre 2012, <url.ca/o9joy> (32 382 visionnages au 12 novembre 2015).

la petite entreprise Soral-Dieudonné. Le principe national est bien étroit au regard des exigences morales de jeunes laissés seuls face aux mensonges et à la corruption des pouvoirs, prenant de plein fouet les images du chaos mondial.

Définitivement, Dieu ne doit pas être cherché au Ciel, à l'église, à la synagogue ou à la mosquée. Il est en ligne. À la recherche d'un principe qui soit à la fois un opérateur de vérité et une référence éthique, Yassine, Clémence, Éric, Souleymane, les jeunes interrogés par David Thomson, sont allés chercher les clefs du monde sur Internet. Clémence raconte sa conversion à dix-sept ans sur Google : « J'ai cherché islam ou Allah. [...] Et là je me suis mise à pleurer. J'étais trop heureuse. Je me suis dit : Waouh ! En fait j'ai une religion. J'appartiens à une communauté, mais je ne le savais pas. Depuis tout ce temps, je me sentais toute seule dans mes pensées[29]. » Comme Clémence, ils l'ont fait seuls, à l'écart de toute autorité suspecte à leurs yeux, politique, scolaire, religieuse ou familiale. Et ils ont trouvé le djihad : une vérité en ligne, une vérité révélée, une vérité révoltée contre l'autorité même des institutions de l'islam. Et, avec la création de Daech, une vérité opératoire.

---

29. David THOMPSON, *Les Français djihadistes*, *op. cit.*

Des révoltes solitaires se cherchent une communauté en dissidence qui leur permette de vivre leur refus du monde marchand et corrompu. Est-il très étonnant qu'elles la cherchent du côté de la religion des dominés en Occident, celle des ennemis déclarés par cet Occident lui-même ? Michaël, devenu Abu Rayan, est frappé par le 11 septembre 2001 comme par un « coup de tonnerre ». Il raconte : « Je ne connaissais aucun islamiste, aucun discours islamique. Mais avant même que Bush ne prononce la phrase “Vous êtes avec nous ou contre nous”, j'ai senti que le juste milieu, la neutralité, n'était plus possible. Parce que la neutralité sera sanctionnée comme de la lâcheté, un manque de courage. » Il cherche immédiatement à savoir, en dehors des médias officiels : « Mais qui revendique ça ? Mais qui est ce Ben Laden[30] ? » Le diable officiel devient le dieu de la révolte, Ben Laden un héros.

La société du spectacle a fait naître son contre-spectacle, continent immense d'images à disposition de tous. Internet n'a pas grand-chose à voir de ce point de vue avec l'espace public analysé par Habermas. Il n'y a pas de régime de vérité partagé dans l'« usage public de la raison ». Ce qu'on partage d'abord, ce sont des images qui font vérité à elles

30. *Ibid.*, p. 118.

seules. Face au discours répressif des pouvoirs, les émeutiers postent sur les réseaux sociaux des images des voitures qu'ils brûlent[31]. Face à la puissance des maîtres de la mondialisation, Daech poste sur Internet les images de ses massacres et de ses destructions. Le djihad s'est installé dans cette société du spectacle au mépris du rigorisme salafiste sur l'usage des images, notamment de l'image humaine. Il fait ainsi partie du paysage global à disposition de ceux qui cherchent une « autre vérité ».

Or cette recherche est aujourd'hui d'autant plus ouverte que la vérité alternative sur le monde qu'a constitué plus d'un siècle durant le communisme est aujourd'hui totalement démonétisée. L'effondrement de ce qui fut à la fois une vision du monde, un espoir révolutionnaire et une expérience étatique n'a pas fini de révéler ses effets. Nous allons l'examiner maintenant.

---

31. Alain BERTHO, « Soulèvements contemporains et mobilisations visuelles », *Socio*, n° 2, 2013, p. 217-228, <url.ca/o9nw5>.

6

« Ce qui nous reste »

> « L'effondrement est celui de l'idée. On ne peut séparer l'idée du désastre matériel ; elle ne flotte pas, intacte, au-dessus. Les idées n'existent que par leur incarnation ; si l'incarnation disparaît, l'idée elle-même est blessée à mort. [...] Ainsi le communisme est entré dans sa phase finale. [...] Comme si l'admirable effort de l'humanité – pensée, travail, héroïsme et beauté – venait de retomber à la manière d'une fusée qui n'atteint pas son orbite et s'affaisse. »
>
> Antoine VITEZ, 3 mars 1990.

Good bye, Lenin[1] *!* La portée de ce qui nous est arrivé entre la chute du mur de Berlin en novembre 1989 et celle de Gorbatchev en août 1991 reste encore à mesurer. L'effondrement

1. Titre d'un film du cinéaste allemand Wolfgang Becker, 2002.

du communisme a un rapport direct avec ce qui aujourd'hui nous préoccupe tous : la confessionnalisation du monde social et l'expansion du djihadisme. Il s'agit en effet d'un bouleversement culturel majeur qui affecte notre vision du monde, bien au-delà des débats partisans ou géopolitiques. Il a affecté notre vision de l'avenir et de l'histoire comme notre conception de la politique.

« Les superstitions et les religions ayant pris la place des idéologies, nous voici dans la confusion, comme toujours certes, mais une autre confusion que celle où nous croyons être. » Ce diagnostic prémonitoire date de mars 1990. Il est signé du metteur en scène de théâtre Antoine Vitez. Notre petit réseau de communistes « refondateurs » rassemblés notamment autour de la revue *Société française*[2] suivait alors presque avec espoir des événements qui semblaient ouvrir la possibilité d'un vrai renouveau du projet communiste. Le séminaire du 3 mars 1990 à l'université de Paris-8 s'inscrivait dans cette réflexion. Antoine Vitez, à quelques semaines de sa mort prématurée, nous a offert un texte court et d'une grande lucidité

2. Revue de l'Institut de recherche marxiste créée en décembre 1981, dont j'étais le rédacteur en chef et Serge Wolikow le directeur.

historique[3]. Affirmant sans ambages que « l'effondrement a bien eu lieu, il se poursuit, tout n'est pas encore tombé », il ajoutait, pour ceux qui pensaient encore que l'idée du communisme pouvait survivre au naufrage, cette phrase que je cite plus complètement en exergue : « L'effondrement est celui de l'idée. On ne peut séparer l'idée du désastre matériel. »

Un effondrement sans fin

Je me souviens parfaitement avoir été sidéré par la force de ces paroles et en même temps dans l'incapacité subjective d'entendre jusqu'au bout le message : avec le communisme « entré dans sa phase finale », toute une époque se clôt, toute une séquence politique et culturelle. Le texte de Vitez n'a pas pris une ride, jusqu'à sa remarque ultime sur notre propre confusion. Alain Badiou parlera peu après de « désastre obscur[4] », obscur par ses causes comme par ses conséquences. On sait qu'en 2015, comme en 1991, il ne

---

3. Antoine VITEZ, « Ce qui nous reste », *Le Monde*, 4 mai 1990 (repris *in* Antoine VITEZ, *Le Théâtre des idées*, Gallimard, Paris, p. 162-163).

4. Alain BADIOU, *D'un désastre obscur*, L'Aube, La Tour d'Aigues, 1991.

tire pas de l'effondrement du communisme incarné les mêmes conclusions qu'Antoine Vitez. Contre l'expression « mort du communisme », il maintient en 1991 celle d'« invariants communistes » avancée dès 1975[5]. Le succès de son ouvrage de 2009 sur l'« hypothèse communiste[6] » qui, selon lui, « en est encore, historiquement, à ses tout débuts », montre s'il en était besoin la difficulté du deuil historique auquel sont confrontés nos contemporains.

Cette controverse n'est pas abstraite. Aujourd'hui, la validité du marxisme comme méthode d'analyse peut légitimement faire l'objet de débats théoriques. Mais, à l'évidence, ses concepts ne sont plus des catégories subjectives de critique et de mobilisation populaire. Le monde de chair, de sang, d'espérances et de rages a tourné la page dans l'indifférence ou la douleur. En effet, la séquence qui s'achève avec le communisme ne concerne pas que les politologues et les politiques. Elle emporte avec elle une vision du monde, une culture qui s'étaient incarnées autant dans les histoires de vie que dans les pouvoirs. Dans son ouvrage *La Fin de l'homme rouge*, l'écrivaine biélorusse Svetlana Aleksievitch (prix Nobel de

---

5. *Ibid.* (édition de 2012), p. 20.

6. Alain BADIOU, *L'Hypothèse communiste*, Nouvelles Éditions Lignes, Paris, 2009.

littérature en 2015) le montre dans toute sa complexité[7]. En faisant parler des Russes sur les émotions et les détails de leur vie entre 1991 et 2012, elle nous fait vivre plutôt que lire le désarroi profond qui saisit tout un chacun devant un basculement proprement impensable.

La vie d'avant et celle d'aujourd'hui, les rêves d'avant et les déceptions d'aujourd'hui, les témoignages nous disent l'absolue discontinuité historique que nous vivons et que les Soviétiques ont vécue en première ligne. La dureté policière de la vie d'avant ne les éclaire en rien sur les raisons de la dureté marchande de la vie qui lui succède. Les espérances de libération d'avant perdent toute actualité au moment même où s'effondre le pouvoir policier. La vie nouvelle ne ressemble à rien de ce qui pouvait être imaginé. N'était-ce pas aussi le propos du film *Good bye Lenin !* que de nous montrer que le joug de la Stasi pouvait cohabiter avec une espérance ?

La fin réelle du communisme n'est ni l'avènement de la liberté ni celui de la justice, relate Svetlana Aleksievitch : « Ah, l'époque de Gorbatchev... Des foules entières de gens avec des visages heureux. La Li-ber-té ! Tout le monde ne vivait que de cela. On

7. Svetlana ALEKSIEVITCH, *La Fin de l'homme rouge ou le temps du désenchantement*, Actes Sud, Arles, 2013.

s'arrachait les journaux. C'était le temps des grandes espérances : nous allions bientôt nous retrouver au paradis[8]. » Mais, « plus on parlait de liberté, plus on écrivait dessus et plus disparaissaient des devantures nous seulement le fromage et la viande, mais même le sel et le sucre. [...] Ce sont les trafiquants et les revendeurs qui ont pris le pouvoir. [...] Le communisme s'est effondré ! C'est fini, il ne reviendra plus. Nous vivons dans un autre monde et nous regardons tout avec d'autres yeux[9] ».

Le capitalisme mondial triomphe sur les ruines des utopies. L'effondrement du communisme et la mondialisation financière ont mis à mort dans un même mouvement l'espoir de liberté et l'espoir de justice. Si, comme se plaît à le répéter mon collègue anthropologue Sylvain Lazarus, « l'expérience historique est conclusive », il faut convenir que la conclusion historique n'en finit pas d'être désastreuse autant qu'obscure.

8. *Ibid.*, p. 33.
9. *Ibid.*, p. 37.

Fin de l'hypothèse révolutionnaire

Entendons-nous bien. Si ce qui est clos est bien clos, cela n'enlève rien à la consistance historique de ce qui s'achève. Le communisme a bien existé et n'a pas été une simple « illusion[10] ». Toute une représentation de l'action collective, de la société, de l'histoire, de la révolution se clôt avec cette période : celle des classes sociales conscientes d'elles-mêmes, celle des espoirs révolutionnaires et d'une figure du changement par l'État, même réformiste. Tous les sociaux-démocrates du monde en ont fait depuis l'amère expérience : sans une hypothèse révolutionnaire, la social-démocratie elle-même n'a plus d'espace politique et culturel.

Les figures successives de la politique, comme puissance subjective et capacité d'intervention dans les affaires de l'État, ont eu pour nom république, socialisme, communisme, libération nationale. Chacune d'entre elles a été fondée par un projet révolutionnaire au cours de ces deux derniers siècles : le « printemps des peuples » de 1848, la révolution russe et ses émules, les luttes de libération nationale. La séquence de 1968 marque la clôture de

10. François FURET, *Le Passé d'une illusion. Essai sur l'idée communiste au XXe siècle*, Calmann-Lévy, Paris, 1995.

ce cycle moderne. Sans l'hypothèse révolutionnaire qui l'a fondée à la fin du XVIIIe siècle, la conception moderne de la politique se trouve bien mal en point. Nous en cherchons désespérément la présence dans les soubresauts du monde contemporain.

Cette hypothèse révolutionnaire portait le mythe de la fusion temporaire du peuple et de l'État. Chaque épisode révolutionnaire ayant fait le constat de l'impraticabilité de cette fusion, des dispositifs durables de représentation politique se sont mis en place. Il en reste que c'est toujours au nom du peuple que le pouvoir s'exerce ou se conteste. Le pouvoir était la cible des mobilisations identifiées comme politiques. Une question était réputée politique lorsqu'elle concernait l'architecture du social et son devenir. Une mobilisation politique posait notoirement la question du pouvoir.

Cette politique-là, quel que soit le régime, s'est enfermée dans la gestion d'appareil, ses stratégies de palais, ses compromis et ses compromissions. Ce qui reste de la politique comme outil d'action collective n'est bientôt plus qu'une culture d'organisation qui transforme l'engagement en identité frileuse, la solidarité en esprit de clan, les valeurs de libération en enjeu de pouvoir, la révolte en conformisme interne, les moyens en fin. Dans ces conditions, il est une évidence parfois difficile à admettre : le mot

« politique », dans ses usages populaires, a perdu toute noblesse et ne convoque que méfiance vis-à-vis d'un monde clos, celui des cercles de pouvoir et de corruption.

Le passage d'une mobilisation collective à une action politique est non seulement impensé mais souvent impensable. La « traduction politique » d'une mobilisation, chère à tant de militants d'expérience, est devenue une curiosité d'un autre temps. Tel était ainsi le fil rouge de la réunion de coordination des favelas expulsées à laquelle j'avais été convié le 26 septembre 2012 dans la banlieue de Rio de Janeiro. La préparation de la Coupe du monde de football et des jeux Olympiques dévoilait alors ses premières conséquences. L'expulsion des favelas de centre-ville a permis de valoriser le foncier, comme celui des favelas de banlieues situées sur les territoires du futur site olympique[11]. L'un des représentants présents a ainsi développé sa théorie de ce qu'il appelait la « politique verticale » : les habitants sont face au maire Eduardo Paes, membre du Parti du mouvement démocratique brésilien, centriste, au gouverneur Sergio de Oliveira Cabral Santos

11. La favela Autodromo, dont la mobilisation remonte à 2003 et à l'initiative de cette coordination, a été expulsée le 3 juin 2015.

Filho (jusqu'en 2014), membre du même parti, et au gouvernement fédéral du Parti des travailleurs. Les premiers sont liés aux milieux d'affaires locaux et notamment aux investisseurs impliqués dans la préparation des événements sportifs. Ils mènent une politique de pacification des favelas souvent brutale. Le gouvernement fédéral a de son côté lancé un programme social de relogement « *Minha casa, minha vida* » (Ma maison, ma vie) et établi des règles strictes protégeant les favelados des expulsions abusives. Mais localement, le PMDB et le PT sont alliés. Et rien ni personne dans les cercles partisans ne protège les habitants de l'appétit des promoteurs. Cette distance nécessaire à l'égard de toute forme de représentation politique s'est incarnée quelques mois plus tard dans les manifestions monstres qui ont précédé et accompagné la Coupe du monde de football.

Les mobilisations collectives et les enjeux de pouvoir sont devenus deux mondes subjectivement séparés. Cette mise à distance remet en cause l'idée même de révolution au cœur des soulèvements les plus puissants. À quoi avons-nous assisté au premier semestre 2011, lors de ce qu'on a appelé le « printemps arabe » ? Les soulèvements ont alors pu apparaître comme un retour en force de la révolution, de la politique et de la démocratie représentative. Mais quel est donc le sens de ces « révolutions » où un soulèvement populaire débouche sur ce qui ressemble plus à un coup d'État militaire étonnamment salué par le peuple ? 2011 n'est ni 1789, ni 1792, ni 1848, ni 1917. Il n'y a ni prise des Tuileries ni prise du Palais d'hiver. Bien au contraire, les peuples insurgés ne réclamaient pas le pouvoir. Les acteurs des soulèvements populaires ne sont pas ceux qui, dans l'espace de l'État, vont tenter d'en tirer toutes les conséquences. Cette disjonction qui marque depuis des années le phénomène émeutier n'est pas abolie par des « émeutes qui gagnent ». Les pouvoirs sont ébranlés. Mais cette puissance subjective populaire ne porte pas une figure d'alternative au pouvoir en place. La question de l'État reste extérieure à la mobilisation et la mobilisation reste hors de l'État.

Le temps s'est arrêté

La fin du communisme annonce-t-elle aussi la « fin de l'histoire » comme l'affirme dès 1992 le politologue américain Francis Fukuyama[12] ? Sa thèse était un peu celle de la « mondialisation finale » : l'histoire serait arrivée à son terme en ayant atteint

12. Francis FUKUYAMA, *La Fin de l'histoire et le dernier homme*, Flammarion, Paris, 1992.

son but. Mais la « fin de l'histoire » à laquelle nous assistons n'est pas tout à fait celle de Fukuyama[13]. Elle n'a ni sens, ni origine, ni terminus bienheureux. Il s'agit plutôt d'un nouveau rapport au temps, d'un nouveau régime d'historicité tel que le propose François Hartog[14] : celui d'un présent qui dure. Ce « présentisme » change notre rapport au passé, au présent et au futur.

Comme on l'a vu, la première victime est l'avenir et donc la jeunesse. La pensée moderne de la politique entretenait un rapport étroit avec la subjectivité de l'histoire, d'une trajectoire humaine individuelle et collective, potentiellement intelligible et peut-être maîtrisable dans cet acte d'invention et de liberté qu'est l'énoncé d'un autre possible. Or la pensée de l'avenir a disparu quand, comme le montre Arjun Appadurai, le calcul de probabilité remplace l'élaboration des possibles[15], quand la réflexion sur

---

13. Voir Alain BERTHO, « Pour une anthropologie réflexive du présent : les mots et le temps », *in* Olivier LESERVOISIER et Laurent VIDAL (dir.), *L'Anthropologie face à ses objets. Nouveaux contextes ethnographiques*, Éditions des Archives contemporaines, Paris, 2008.

14. François HARTOG, *Régimes d'historicité. Présentisme et expérience du temps*, Seuil, Paris, 2003.

15. Arjun APPADURAI, *Condition de l'homme global*, Payot, Paris, 2013.

le risque l'a emporté sur les utopies[16]. Même si, comme l'affirme depuis ses débuts le processus des forums sociaux né à Porto Alegre en 2001, « un autre monde est possible », son agenda reste pour le moins obscur[17]. Quant aux soulèvements de 2011, il semble difficile dès aujourd'hui de les indexer à une sorte de « réveil de l'histoire[18] ».

La deuxième victime du présentisme est l'histoire comme convocation critique du passé. « Si tu ne penses pas à demain, tu n'es pas triste d'hier », ai-je entendu le 17 juillet 2015 par hasard dans les jardins de l'Alhambra de Grenade. Ces propos volés à la façon de Svetlana Aleksievitch, échangés par trois jeunes femmes francophones, m'ont semblé assourdissants. Sans avenir à construire, à quoi bon, en effet, convoquer le passé ? Telle est bien la situation structurellement menacée de ce beau métier d'historien dont Marc Bloch montrait la nécessaire et permanente réactualisation[19].

---

16. Ulrich BECK, *La Société du risque*, Aubier, Paris, 2001.

17. Voir Alain BERTHO, « La mobilisation altermondialiste, analyseur du contemporain », *Anthropologie et sociétés*, vol. 29, n° 3, 2005.

18. Alain BADIOU, *Le Réveil de l'histoire. Circonstances, 6*, Lignes, Fécamp, 2011.

19. Marc BLOCH, *Apologie pour l'histoire ou le métier d'historien*, *op. cit.*

Au-delà des justifications théologiques sur la destruction des idoles, il y a ainsi dans la frénésie des djihadistes contre les vestiges du passé quelque chose de très contemporain. La mise en scène du vandalisme archéologique à Mossoul ou à Palmyre a un sens qui peut porter autant qu'elle nous scandalise. On peut même s'interroger sur la faiblesse de la défense patrimoniale des traces du passé face à cette posture éradicatrice. Car, en l'absence d'une mobilisation du passé pour préparer l'avenir, la tentation des pouvoirs est de passer de l'histoire à la mémoire, de la critique rationnelle des sources à la sacralisation du récit mémoriel fondateur.

La vogue française des lois mémorielles[20] n'est pas isolée. L'Espagne et la Belgique ont connu les leurs. Les commémorations, notamment internationales, prennent des dimensions nouvelles comme celle du soixantième anniversaire du débarquement allié en Normandie. En France, la problématique de l'« enseignement de la mémoire » (en lieu et place de l'histoire) prend toute sa place dans l'institution scolaire avec une philosophie affichée : « L'histoire, c'est la recherche de la vérité. La mémoire, c'est le

20. Loi Gayssot en 1990, loi Taubira en 2001, loi de 2005 sur la présence française outre-mer.

respect de la fidélité[21]. » Or, comme le fait remarquer l'historien Pierre Nora, « l'histoire rassemble, la mémoire divise[22] ». La convocation immodérée de la mémoire par les pouvoirs ouvre la porte à une concurrence mémorielle dramatique[23], voire décrédibilise l'histoire elle-même. Dieudonné surfe sur cette concurrence, car elle a un écho de masse. Elle ressurgit parfois comme lors des incidents autour de la minute de silence en janvier 2015. Rappelons-nous les textes du rappeur Zirko (*1789*) : « L'école de Jules Ferry est le meilleur moyen de formater/ Parlez d'apartheid et d'holocauste/[…] J'connais l'histoire des vainqueurs/Où est la version des vaincus ? »

Quel « sujet historique » ?

Enfin, avec la fin du communisme, de l'hypothèse révolutionnaire et de l'histoire, nous avons

---

21. « Mémoire et histoire », Eduscol. Portail des professionnels de l'éducation, MENESR, <ur1.ca/o9qg2>.

22. Pascale-Marie DESCHAMPS, « Pierre Nora : "L'histoire rassemble, la mémoire divise" », *Les Échos*, 1er juillet 2007, <ur1.ca/o9qh6>.

23. Nicole LAPIERRE, *Causes communes. Des Juifs et des Noirs*, Stock, Paris, 2012.

perdu le « sujet historique », c'est-à-dire l'acteur collectif, classe et/ou parti, en charge de réaliser le sens supposé de l'histoire. *Exit* donc la classe rédemptrice de l'humanité et le parti guide. Pourtant, il nous arrive de les chercher encore. Dans ce cas, les sujets réels des révoltes deviennent politiquement tout à fait mystérieux et illisibles.

Quelle perplexité politique en France en 2013 quand les « bonnets rouges » se mettent à incendier sans préavis les portiques de l'écotaxe en Bretagne et, au passage, la moitié des radars du réseau de quatre voies de la région ! Cette perplexité déborde des frontières de l'Hexagone. La contestation des choix de dépense publique et de la fiscalité provoque en effet des mobilisations à la tonalité et à la composition tout à fait nouvelles. Les *forconi* (les fourches), dont l'onde traverse la péninsule italienne du sud au nord en décembre 2013, agrègent des soutiens disparates : chômeurs, petits entrepreneurs, artisans, ultras de clubs de football. Soutenus par le Mouvement cinq étoiles de Beppe Grillo, ils sont aussi rejoints par l'extrême droite de Casa Pound et Forza Nuova. Leur rejet des responsables politiques, résumé dans le slogan « *Tutti a casa* », bénéficie de la sympathie de 71 % des Italiens.

Cette jacquerie moderne a beaucoup de points communs avec ces « bonnets rouges » qui réunissent chômeurs, salariés menacés, artisans et patronat de l'agroalimentaire. La gauche française perd ses repères face à une mobilisation dont les objectifs, les contours, les méthodes et la réussite affolent toutes les boussoles militantes. Condamnés par le leader du Front de gauche, Jean-Luc Mélenchon, mis à distance par le mouvement syndical mais soutenus par une part de la gauche régionale dont le maire de Carhaix, les bonnets rouges reçoivent tardivement le soutien de Jean-Marie Le Pen.

La confusion politique traverse l'océan. Au Vénézuela, la courte victoire de Nicolás Maduro à l'élection présidentielle du 14 avril 2013 est immédiatement contestée. À la dénonciation de la fraude s'ajoute la colère contre les pénuries et, début 2014, le pays entre dans une confrontation durable. Les principales villes sont touchées par des émeutes (plus de cent en février, mars et avril), dans lesquelles la jeunesse universitaire est largement investie. Cette révolte populaire ne tarde pas à être cataloguée « de droite ». Est-ce parce que le pourvoir est identifié « à gauche » et que le chavisme et son « socialisme du XXe siècle » ont exercé une véritable fascination sur une partie de la gauche de la gauche ?

Le fameux « sujet historique » fonctionnait comme une trinité : la classe, la conscience, le parti. Il articulait de façon paradoxale l'objectif d'émancipation, celui des « lendemains qui chantent » et la contrainte disciplinaire du combat militant, le discours sur la libération d'une humanité universelle et la subjectivité d'une communauté de lutte, celle des camarades. Le lien et le liant de cette trinité paradoxale étaient une éthique séculière et un discours de vérité, cette fameuse « conscience » qui faisait des militants des êtres à part, des éclaireurs. Le discours de vérité est celui de l'histoire et des « intérêts historiques » au nom desquels on agit. L'éthique séculière est celle d'une culture militante qui porte la distinction entre le bien et le mal, même au cœur de la vie personnelle et des choix familiaux.

La crise des partis ne se résume donc pas à la désertification militante. Elle est surtout marquée par la disparition de ce creuset humain, qui n'aura finalement duré qu'un siècle, et de sa singularité : l'articulation d'une vérité et d'une éthique en dehors de toute religion révélée. Mais Francis Fukuyama applaudit bien imprudemment la disparition de ces noyaux d'idéologie séculière.

La force de la foi

Car, pour autant, la place de la morale, de la vérité et de l'eschatologie n'a visiblement pas disparu dans les cœurs de nos contemporains. Antoine Vitez nous avait prévenus en 1990, le recul des cosmogonies politiques favorise partout un « retour à un religieux » qui entend donner un sens aux bouleversements du monde. Ce phénomène peut prendre plusieurs formes. La première est celle des communautés religieuses qui protègent leurs adeptes de ces bouleversements. Les pratiques communautaires du pentecôtisme constituent ainsi leur principal atout en Amérique latine face au catholicisme historique du continent. Le pentecôtisme connaît d'ailleurs aussi une forte progression en Afrique de l'Ouest, où il concurrence de façon ouverte l'islam au Burkina Faso, au Niger, au Cameroun ou au Mali[24].

La référence religieuse joue souvent gagnante dans des situations où les partis traditionnels font défaut comme aux États-Unis dans la mouvance républicaine. En France, la mobilisation contre le mariage pour tous à partir de septembre 2012 autour de la « Manif pour tous » a révélé la puissance de la référence religieuse hors de tout cadre

24. Sandra FANCELLO, « Les défis du pentecôtisme en pays musulman (Burkina Faso, Mali) », *Journal des africanistes*, vol. 77, n° 1, 2007, p. 29-53, <url.ca/o9ql8> ; Maud LASSEUR, « Islam et christianisme en mouvement : mobilités géographiques et changement religieux au Cameroun », *Espace populations sociétés*, n° 2-3, 2010, <url.ca/o9qll>.

partisan. Cette référence s'impose également dans les situations d'incertitude nationale et constitutionnelle et comme garant de lutte contre la corruption des pouvoirs. Ennahda en Tunisie et les Frères musulmans en Égypte ont ainsi occupé cette place que personne ne pouvait leur contester.

Lors d'une longue conversation dans un restaurant de Dakar sur les élections municipales, un de nos amis, candidat potentiel, m'en avait expliqué le caractère incontournable[25]. Ce militant associatif inépuisable au service des habitants de sa ville de banlieue, radical dans ses analyses des enjeux urbains, était à la recherche de références politiques de moralité publique face à un État notoirement corrupteur. Seule la référence religieuse, en l'occurrence musulmane, lui semblait opératoire dans un pays où les débats politiques n'étaient que les théâtres d'ombres des ambitions personnelles. J'avais été à court d'arguments.

Enfin, la religion peut être brandie comme une référence révolutionnaire. Faire de l'islam un principe de révolte contre cette modernité dominatrice n'est pas le propre des djihadistes de 2015. Ce fut déjà le cas du chiisme lors de la révolution iranienne

25. Lors d'une mission pour l'Observatoire international des banlieues et des périphéries.

en 1979. Cette posture ne laisse pas toujours indifférente la gauche occidentale. Le nouveau pouvoir de Téhéran n'avait-il pas marqué sa solidarité avec les victimes de l'apartheid en Afrique du Sud, avec Cuba ou l'OLP ? Et porter l'islam comme le nouveau drapeau de la révolution peut être une tentation pour certains orphelins de Lénine. Si Tariq Ramadan plaide pour une « théologie islamique de la libération[26] », le cas du Parti des indigènes de la République (PIR) est plus significatif à cet égard. Ce parti est né d'un appel lancé en janvier 2005 que j'avais moi-même signé avec certains de mes amis et collègues[27]. Le collectif d'origine, transformé en « PIR », a été investi par un petit groupe de militants qui n'a eu de cesse d'en faire une organisation dont ils pensaient sans doute, à l'instar de Staline, qu'elle « se renforce en s'épurant[28] ».

---

26. Tariq RAMADAN, « Pour la liberté des peuples : une théologie islamique de la libération », conférence du 16 février 2014, YouTube, <url.ca/o9qmf>.

27. Comme Laurent Lévy, Catherine Samary, Nacira Guénif-Souilamas, Malika Zediri, Jacqueline Fraysse, Henri Maler, Michael Löwy, Tarek Ben Hiba, Roger Martelli, Pierre Cours-Salies et Gustave Massiah…

28. Voir NYARK NYARK, ALTERSOCIAL et PÏÉRÔ, « Le Parti des indigènes de la République, autopsie d'une dérive », *Indymedia*, 28 avril 2015, <url.ca/o9qmy>.

Sa porte-parole, Houria Bouteldja, peut aujourd'hui assumer de faire de l'islam un « idéal de justice radicale[29] ». Écoutons-la : « C'est toute une civilisation qu'il faut remettre en cause. Une civilisation qui poursuit son projet meurtrier dans les pays du Sud sous la forme de la contre-révolution coloniale, du néolibéralisme. » Et de conclure : « Voyez la destruction de la planète, voyez la déshumanisation des rapports sociaux, voyez les crises économiques, voyez la montée du fascisme. Voyez notre culpabilité lorsque nous sommes passifs ou complaisants. Voyez notre honneur lorsque nous agissons pour le combattre. Pour ma part, entre composer et rompre, le choix est fait ! » Car affirme-t-elle : « Il s'agit ici d'une critique radicale de la colonialité du pouvoir. C'est l'espace de l'islam révolutionnaire. Ici, il ne sera pas question de réformisme, car l'islam et les musulmans ne seront jamais le problème. »

Un drame a commencé à se jouer en 1980 dans les montagnes afghanes. En envahissant le pays, l'État soviétique ne savait évidemment pas qu'il allait livrer son dernier combat géopolitique. Mais personne ne pouvait se douter que les moudjahidines ancrés dans la défense de leur terre allaient y donner naissance à

29. Houria BOUTELDJA, « Islam et modernité : peut-on être musulmans en Occident ? », 11 juin 2015, <ur1.ca/o9qn9>.

une figure plus universelle du combattant d'Allah, donnant au mot djihad tout son sens contemporain[30]. L'effondrement du communisme n'en finit pas de révéler ses effets collatéraux. Les orphelins de cette culture sont beaucoup plus nombreux qu'ils ne le pensent. La conséquence la plus lourde est sans doute la clôture de l'hypothèse révolutionnaire sur laquelle piétinent de rage toutes les critiques radicales de l'ordre mondial existant. Cette clôture a ouvert la voie à la confessionnalisation de l'action publique à laquelle nous assistons.

Pour qui veut éviter l'islamisation d'une partie de cette radicalité, la solution n'est certainement pas dans la recherche à tout prix d'une illusoire « déradicalisation », mais plutôt dans l'affirmation d'une radicalité alternative. Comme concluait Antoine Vitez en 1990 : « Et ce qui nous reste à présent – notre rôle –, c'est la prophétie, au sens où l'on peut lire l'Ancien Testament, le devoir de prophétie : sarcasme, invectives et prévision, critique des temps actuels, annonce. »

---

30. Gilles KEPEL, *Terreur et martyre. Relever le défi de civilisation*, Flammarion, Paris, 2009.

7

Éloge de la radicalité

« Chaque génération doit, dans une relative opacité, découvrir sa mission, l'accomplir ou la trahir. »

Frantz FANON, *Les Damnés de la Terre*, Maspero, 1961.

Lakhdar, Judit et Bassam, les héros du roman *Rue des voleurs* de Mathias Énard[1] vivent leurs vingt ans dans l'Europe méditerranéenne de 2011. Leur destin se noue en quelques mois entre le printemps arabe et les Indignés, entre Tanger et Barcelone. Lakhdar et Bassam sont amis d'enfance. Lakhdar aime Judit, la Catalane. Bassam aime le Coran. Lakhdar traverse le détroit de Gibraltar pour rejoindre son amour. Bassam traverse le Maroc et l'Espagne pour y répandre une terreur

1. Mathias ÉNARD, *Rue des voleurs*, Actes Sud, Arles, 2012.

meurtrière. L'un rêve de liberté, l'autre de martyre. Leur voyage initiatique s'achève dans le quartier du Raval de Barcelone. Face à l'engagement djihadiste de son ami, Lakhdar n'a alors d'autre choix que de mettre fin lui-même à la vie meurtrière de Bassam. Lakhdar déclare plus tard à ses juges : « Je ne suis pas un assassin, je suis plus que ça. Je ne suis pas un Marocain, je ne suis pas un Français, je ne suis pas un Espagnol, je suis plus que ça. Je ne suis pas un musulman, je suis plus que ça. Faites de moi ce que vous voudrez. »

Ce nouveau printemps des peuples et de la jeunesse vu et vécu à hauteur de vie ordinaire, fait d'insouciance, d'espérance et de drame s'achève dans l'impasse. Le roman de Mathias Énard, paru en 2012, a quelque chose de visionnaire. Mais, même s'il affirme « qu'il n'y a que l'espoir ou le désespoir qui changent le monde, en proportion égale », on ne peut s'empêcher d'ajouter que le désespoir aujourd'hui ne conduit souvent que dans les pas de Bassam. Ne laisserons-nous à cette génération que l'impasse terrible dessinée par l'auteur ? Faut-il revenir sur la situation objective et subjective faite à la génération qui vient ? Ceux qui la précèdent, ceux de la génération de 1968, de celles de la décolonisation puis des indépendances nationales n'ont-ils à lui offrir que leurs mythes fondateurs d'un autre temps et leurs désillusions et leurs renoncements assumés ?

Misère de la « déradicalisation », richesse de la radicalité

La tentation est grande pourtant de prendre cette posture. Elle est institutionnellement majoritaire. En Europe ou en Amérique, on travaille depuis le début des années 2000 à des politiques de « déradicalisation ». Peut-on « déradicaliser » les djihadistes ? Dès 2010, un rapport danois fait le point sur les expériences européennes qui concernent dix-huit pays et dissèque les politiques du Danemark, de l'Allemagne, du Royaume-Uni, des Pays-Bas, de la Suède[2]. En 2014, la Commission européenne fait une communication sur les moyens de « prévenir la radicalisation conduisant au terrorisme et à l'extrémisme violent » et de « renforcer l'action de l'UE »[3].

---

2. MINISTRY OF REFUGEE, IMMIGRATION AND INTEGRATION AFFAIRS, *The Challenge of Extremism. Examples of Deradicalisation and Disengagement programmes in the UE*, Copenhague, octobre 2010, <url.ca/o9qp1>.

3. COMMISSION EUROPÉENNE, *Communication de la Commission au Parlement européen, au Conseil, au comité économique et social européen et au comité des régions. Prévenir la radicalisation conduisant*

La première question qui se pose d'emblée est bien sûr celle de la catégorie « radicalisation » qui circule aujourd'hui sans le moindre contrôle sémantique. À l'évidence, il ne s'agit pas seulement du djihadisme. Si des mesures spécifiques le concernent comme la surveillance des mosquées ou la prévention en prison, le spectre des préoccupations institutionnelles est beaucoup plus large : groupes d'extrême droite, groupes d'extrême gauche, mouvements séparatistes et nationalistes, voire mouvements de défense la nature et des animaux... On comprendra sans peine qu'à tout mélanger dans la catégorie « ce qui menace la sécurité et la démocratie », on risque fort de ne rien identifier vraiment. Si on voit bien l'intérêt des gouvernements de pouvoir qualifier de terroriste toute action sortant de la légalité du moment, on voit mal comment la spécificité du djihadisme et de la recherche sanglante du martyre peut être efficacement prise en compte.

La seconde question est celle de l'ambition possible de telles politiques. Le rapport du député socialiste de l'Essonne Malek Boutih qui fit polémique lors de sa sortie en juin 2015 est assez exemplaire à

---

au terrorisme et à l'extrémisme violent : renforcer l'action de l'UE, Bruxelles, 15 janvier 2014, <url.ca/o9qrs>.

cet égard[4]. Son diagnostic ne manque pas d'intérêt lorsqu'il fait le « portait d'une génération au bord de la rupture », une jeunesse seule devant une mondialisation anxiogène, une « démocratie de façade » et une « république désincarnée ». Il signale l'ampleur d'une question qui « impacte toute une génération ». À l'issue de ses trente-cinq premières pages, on attendrait logiquement une ambition politique, un horizon, l'esquisse d'une espérance salvatrice. Mais la chute est rude : les solutions annoncées ne tiennent aucun compte de la gravité du diagnostic posé. Comme tant d'autres, le rapport *Génération radicale* propose de traiter des conséquences faute d'avoir la moindre prise sur les causes.

Les « réponses structurelles » préconisées consistent à donner à cette république, pourtant précédemment qualifiée de « momifiée », un rôle central de remobilisation antiradicale. Il est question de « lever une génération d'éclaireurs républicains, une génération d'enfants du 11 janvier » et d'engager une « reconquête républicaine » à l'école. L'appel au monde associatif qualifié de « républicain » s'appuierait sur le rôle « structurant » de la république. L'islamophobie montante semble moins dangereuse

4. Malek Boutih, *Génération radicale. Rapport au Premier ministre*, juin 2015.

que ceux qui la dénoncent et le rapport propose de « combattre le discours intégriste de marginalisation des musulmans », autrement dit de combattre la dénonciation de l'islamophobie.

Bref, après avoir montré que le désarroi d'une génération était en grande partie dû à la faillite de la république, le rapport *Génération radicale* propose imperturbablement que cette même république soit légitime à la manœuvre pour instaurer des repères à l'école, dans le monde associatif, dans la culture, dans les « ghettos urbains », dans les familles ou sur Internet. Le lyrisme de la conclusion du rapport convoque les mânes des révolutionnaires, des fondateurs de la République française, de Lénine (qu'il ne va pas jusqu'à nommer), de Nelson Mandela… Que de radicalité invoquée dans d'autres temps ou d'autres continents… La radicalité n'aurait-elle de vertu qu'après la mort de celui qui l'a portée ? La radicalité des ancêtres a peu de chances de mobiliser au présent une jeunesse confrontée aux momies des révolutions passées. La mémoire ne s'impose pas, elle se convoque. Les valeurs ne se transmettent pas, elles sont retravaillées par chaque génération à l'aune de sa propre expérience. La génération de 1968 a-t-elle à ce point oublié son regard sur ses propres parents ?

C'est même souvent dans la critique radicale du présent et la recherche collective de possibles que se manifeste avec le plus d'acuité la vie réelle d'une époque. C'est là que s'esquissent des valeurs pour demain, toujours dans l'adversité mais jamais dans l'indifférence. Que nomme-t-on radicalité, sinon cette éruption de la vie qui déchire le voile de la société du spectacle, du discours d'autorité et des « éléments de langage », en proposant un autre regard, un autre récit, d'autres mots ? La radicalité fait craquer le beau mais fragile vernis de l'ordre au présent. Mais, à la différence de la « dissidence » et du complotisme, la radicalité ne cherche pas la vérité ailleurs. Elle la fait surgir de l'expérience partagée. Elle renvoie à l'ordre sa vérité en miroir. Elle est une source incomparable de connaissance de notre temps. Et loin d'être l'apanage des quelques groupes isolés surveillés par les services de sécurité, la radicalité se diffuse depuis des années, voire des décennies, là où nous ne l'attendons pas, là où elle échappe de plus en plus aux scènes médiatiques et aux grilles de lecture dominantes. Voici donc une invitation au regard et à la réflexion sur quelques éclats de vie et d'espérance dont l'inventaire exhaustif reste à faire.

Radicalité artiste

Quoi de plus radical par exemple que le travail de l'artiste français JR sur les murs de la favela Providencia de Rio de Janeiro en 2008 ? Providencia est la plus ancienne favela carioca, surplombant le port et le centre. L'image des portraits géants affichés par JR sur les murs, avec ces yeux gigantesques des habitants qui plongent leur regard sur le reste de la ville, en dit plus que tout discours. Elle redonne aux habitants, à chacun d'eux et notamment aux femmes, toute leur dignité individuelle face à la stigmatisation sans fin de ces quartiers[5].

Cette acuité sensorielle de l'artiste, JR l'avait déjà dévoilée à vingt et un ans, dans son premier projet, *28 millimètres, projet d'une génération*[6]. Des portraits géants de visages anonymes placardés sur les murs de leur propre quartier de la région parisienne. C'était en 2004, cité des Bosquets à Montfermeil. La série avait été inaugurée par une photo de son ami Ladj Ly braquant le photographe avec… une caméra. Quelques mois plus tard, Montfermeil et Clichy étaient l'épicentre des émeutes de 2005. Les

5. Le travail a été réalisé dans le cadre du projet *Women are Heroes*, film documentaire réalisé par JR en 2010.

6. Voir le site <www.28millimetres.com>.

portraits de JR ont ensuite débordé les limites de sa ville. En 2011, les Tunisiens s'emparent de son projet *Inside out* et placardent leurs propres photos pour recouvrir les portraits de Ben Ali. En 2005, les interventions graphiques de l'artiste anglais Banksy sur le mur de séparation construit entre Israël et la Palestine avaient eu la même efficacité de dévoilement.

« Murs blancs, peuples muets », disait un slogan de Mai 68, souvent repris depuis et traduit notamment en espagnol. À l'inverse, les murs de nos villes nous parlent aujourd'hui sans cesse de nous depuis que les premiers *writers* ont commencé à y poser leurs surnoms sous forme de tags et de graphs[7]. Exhibition individuelle d'un anonymat, partage public dans l'illégalité, ces interventions qui veulent « déchirer », voire « vandaliser », la ville ont marqué l'esthétique de notre temps et pas seulement l'esthétique urbaine. En 2013, n'est-ce pas contre la récupération de cet art de rue que le grapheur Kidult s'élève en vandalisant les devantures de luxe qui s'y aventurent[8] ?

---

7. Marc Aurèle VECCHIONE, *Writers, 1983-2003. Vingt ans de graffitis à Paris*, film de 99 min, 2004.

8. NIXIE, « Portrait d'artiste. Kidult la haine du luxe », *Urban Art Paris*, 18 janvier 2013, <url.ca/o9rmw>.

D'un bout à l'autre de la planète, le tag et le graph font désormais partie de notre paysage urbain. Repris dans la communication officielle, apprivoisés parfois dans des commandes publiques ou quasi patrimonialisé comme dans le mythique *5pointz*[9] de 1993 à 2013 à New York (aujourd'hui disparu) ou au *Tacheles* de Berlin de 1990 à 2012[10], ils débordent sans cesse des cadres et des règles. C'est pourquoi ils restent le plus souvent vécus et pourchassés comme une pollution urbaine. Rares sont les villes qui ont su, comme Naples, intégrer ce foisonnement indiscipliné du *street art* dans leurs atouts touristiques[11]... Durant les années noires de la dictature chilienne, les murs ont été les seuls lieux publics d'expression dissidente. Néanmoins, une fois la démocratie revenue, l'Assemblée nationale va débattre très sérieusement de la possibilité

---

9. *5Pointz* était une usine désaffectée de 20 000 m^2 dans le Queens à New York, qui fut des années durant un gigantesque atelier et lieu d'exposition du graph. Qualifiée de « Mecque du graffiti », l'usine a été réinvestie en 2013 par son propriétaire pour une opération immobilière.

10. Situé Orianenburgerstrasse, le *Tacheles* a été l'un des plus célèbres squats artistiques d'Allemagne,

11. Rino Mastropaolo, « Napoli *paint stories* : tour nella *street art* napoletana », Napolidavivere, 26 avril 2015, <ur1.ca/o9rbd>. Voir aussi le cas de Vitry-sur-Seine, en région parisienne, à l'adresse <ur1.ca/o9rbs>.

d'interdire l'écriture murale en dehors des affiches électorales[12]…

Le slam et le rap ont occupé des espaces similaires. Bien avant d'être des icônes reconnues en concert au Parc des princes en 2010, Joey Starr et Kool Shen ont été condamnés en novembre 1996 par le tribunal de Toulon à trois mois de prison ferme et six mois d'interdiction professionnelle pour « propos outrageants » envers la police lors d'un concert à La Seyne-sur-Mer. C'était l'époque où ces deux anciens grapheurs faisaient scandale avec *J'appuie sur la gâchette* (1993), *Paris sous les bombes* (1995) et *Suprême NTM* (1998). Assurément, la radicalité du regard ou de la parole est invention et indiscipline. Reste que, non sans tensions, les galeries qui accueillent des grapheurs, les maisons de disques qui produisent slameurs et rappeurs radicaux, pour les aider à accroître leur audience, font ainsi paradoxalement plus pour la « déradicalisation » de certains discours mortifères que ne pourraient l'espérer toutes les politiques publiques françaises ou européennes.

---

12. Pedro ARAYA, *Des choses écrites. Écritures exposées en situation de « dissensus » au Chili. Une enquête anthropologique*, thèse de doctorat EHESS, sous la direction de Béatrice Fraenkel, 2014, <url.ca/o9rov>.

Radicalité savante

Caprice d'artistes – « sarcasme, invectives », aurait dit Vitez –, la radicalité ne serait-elle qu'une dénonciation stérile et éphémère ? « Une idée devient une force lorsqu'elle s'empare des masses », disait Karl Marx. En fait, il arrive que les masses aient elles-mêmes des idées et s'en aperçoivent... N'est-ce pas l'expérience qu'a faite une société politique française médusée lors du référendum sur le traité constitutionnel européen en 2005 ? Un professeur de lycée de Marseille de trente-neuf ans, Étienne Chouard, est alors à l'origine d'une critique de masse du texte du traité. À travers des « ateliers constituants » autogérés, nous avons assisté à une formidable mobilisation de l'expertise populaire. Le débat est sorti de l'espace du spectacle : l'immense majorité des forces politiques et des médias militaient pour le oui, mais le non l'a emporté sans appel.

L'État, les partis, les organisations ayant pignon sur rue n'ont pas le monopole de l'expertise. Cette expérience est validée sur le terrain institutionnel. Mais l'expertise populaire peut s'exercer dans les domaines les plus techniques. Combien de mobilisations aujourd'hui se voient obligées d'occuper ce terrain et de contester au pouvoir sa légitimité « savante » ? Les sans-papiers connaissent la rigueur nécessaire à la constitution des dossiers et à la discussion avec l'État. Les menacés d'expulsion savent l'intérêt de la présentation de projets alternatifs. Les habitants de la favela Autodromo à Rio ont opposé à la municipalité, des années durant, un document de plusieurs dizaines de pages avec statistiques et plans-masses. Telle est bien la démarche décrite par Arjun Appadurai au cœur des bidonvilles de Mumbai [13]. Le projet d'installation pérenne qui a mis fin à l'errance des Rroms du Hanul à Saint-Denis a été élaboré avec les premiers intéressés [14].

De 2011 à 2014, l'équipe de l'Observatoire international des banlieues et des périphéries, que j'ai créé avec Sylvain Lazarus, a mené une enquête de terrain sur les mobilisations contre les inondations dans la banlieue de Dakar. Ce travail d'ethnologie appliquée a mis en valeur une authentique expertise populaire sur cette question, une expertise d'une grande technicité. La publication d'un livre blanc donnant la parole aux acteurs de terrain, le

---

13. Arjun APPADURAI, *La Condition de l'homme global*, *op. cit.*

14. Marianne HÉRARD, « Enquête dans le cadre d'un projet de relogement de Rroms à Saint-Denis », Congrès de l'AFEA, EHESS, septembre 2011.

montage d'un film par ces derniers et une conférence de presse ont fini par donner à cette parole une vraie légitimité. Après des années d'atermoiements et de gestion corrompue des catastrophes humanitaires que constituaient chaque année ces inondations, le gouvernement a finalement annoncé en 2014 la reprise du pompage de la nappe phréatique qui était préconisée par le livre blanc.

D'autres expériences sont connues et ont fait leurs preuves. Ainsi Act Up-Paris, créée en 1989, a su mobiliser les savoirs des malades eux-mêmes pour faire prendre conscience de l'ampleur de la maladie et appuyer la recherche médicale[15]. Méconnu, mais planétaire, l'engagement d'ATD-Quart monde a emprunté résolument ce chemin depuis 1954. Faire de la « pensée des plus pauvres » une expertise incontournable à toute action contre la pauvreté est prôné par son fondateur Joseph Wresinski[16] et reste une des colonnes vertébrales de sa stratégie exposée solennellement en 2008 dans sa « Charte du croisement des savoirs et des pratiques avec des personnes

15. ACT-UP PARIS, *Les Malades acteurs de la recherche. Contribution interassociative du TRT-5 et du CHV aux états généraux de la recherche*, novembre 2004, <url.ca/obkcn>.

16. Joseph WRESINSKI, « La pensée des plus pauvres dans une connaissance qui conduise au combat », allocution au Palais de l'Unesco, 3 décembre 1980, <url.ca/obkd6>.

en situation de pauvreté[17] ». Bruno Tardieu, qui fut délégué général du mouvement pour la France de 2006 à 2014, souligne tout à la fois la richesse de cette expérience et sa difficulté notamment en raison de la réticence des « intellectuels français » qui « ont du mal avec la pensée qui est guidée par la pratique[18] ».

Car cette démarche est exigeante et implique pour ceux qui font métier de la « science sociale » une nouvelle éthique professionnelle. Du printemps arabe à Occupy en passant par la Puerta del Sol, le printemps 2011 a marqué le retour d'une parole populaire en partage. Mais, pour installer ainsi une autre intellectualité, pour produire d'autres énoncés sur le réel, une méthodologie collective s'impose. Mettre des mots en face de ceux des pouvoirs n'est pas un surgissement spontané, comme le montre bien toute l'expérience d'ATD-Quart monde.

---

17. ATD-QUART MONDE, « Charte du croisement des savoirs et des pratiques avec des personnes en situation de pauvreté, 21 mai 2008, <url.ca/obkda>.

18. Véronique SOULÉ, « Bruno Tardieu : "La parole des plus pauvres s'est libérée" », ATD-Quart monde, 4 septembre 2015, <url.ca/obls7> (entretien à l'occasion de la sortie du livre retraçant l'histoire du mouvement : Bruno TARDIEU, *Quand un peuple parle. ATD-Quart monde, un combat radical contre la misère*, La Découverte, Paris, 2015).

La mise en travail de la pensée produit plus que de l'émotion, de la révolte et de la solidarité : elle produit des énoncés alternatifs, une expertise des situations, des prescriptions sur les gouvernements. Ces moments d'intellectualité collective sont en général aussi puissants que temporaires. On voit se profiler la responsabilité du chercheur dans de telles conjonctures : celle du clinicien qui favorise et accompagne la mise en mots, qui la rassemble, qui en assure la survie et la mise à disposition publique. Clifford Geertz proposait de lire la société comme un texte par-dessus l'épaule de ses acteurs, en prenant « le sens commun en tant que système culturel afin de faire une ethnographie de la pensée moderne[19] ». Le chercheur contemporain, à l'instar de David Graeber, à l'origine et au cœur d'Occupy Wall Street[20], doit aller plus loin dans cette « expérience partagée » que l'anthropologue américain appelait de ses vœux.

---

19. Clifford GEERTZ, *Savoir local, savoir global. Les lieux du savoir*, PUF, Paris, 2002 (1986), p. 93.

20. David GRAEBER, *Comme si nous étions déjà libres*, *op. cit.*

Radicalité instituante

La radicalité n'est pas révolutionnaire au sens traditionnel du terme. Elle ne s'engage pas dans une stratégie de pouvoir. Comme le souligne en 1996 le prémonitoire sous-commandant Marcos : « Vous luttez pour la prise du pouvoir. Nous pour la démocratie, la liberté et la justice. Ce n'est pas pareil[21]. » Le créateur et porte-parole de l'Ejercito zapatista de liberación nacional (Armée zapatiste de libération nationale), qui a tiré sa révérence officielle en mai 2014, a toujours été clair. L'objectif n'est pas d'obtenir le gouvernement, mais un « gouvernement obéissant » (*Mandar obedeciendo*). « Ils veulent nous obliger à gouverner, nous ne céderons pas à cette provocation[22] », répond en écho en France le Comité invisible, auteur en 2007 du livre *L'Insurrection qui vient*[23].

Cette mise à distance du pouvoir qui anticipe sur les soulèvements du XXIe siècle et notamment sur le printemps arabe, n'est pas démission

21. Sous-COMMANDANT MARCOS, « Lettre à l'armée populaire révolutionnaire », août 1996.

22. COMITÉ INVISIBLE, *À nos amis*, La Fabrique, Paris, 2014, p. 41.

23. COMITÉ INVISIBLE, *L'Insurrection qui vient*, La Fabrique, Paris, 2007.

institutionnelle. Dans les zones qu'il contrôle au Chiapas, le mouvement zapatiste a ainsi installé des dispositifs démocratiques tout à fait singuliers autour des *caracoles*. Car la radicalité peut être instituante. La désignation française de « zones à défendre » apparaît au début des années 2010 et s'impose à travers les mobilisations contre le projet d'aéroport de Notre-Dame-des-Landes ou celui du barrage de Sivens. Elle porte une figure nouvelle de la démocratie hors des institutions existantes : l'affirmation de l'expertise populaire sur l'avenir d'un territoire et la nécessité d'obtenir le « gouvernement obéissant » des zapatistes. Les moyens de répression mobilisés par l'État, qui ne s'arrêteront pas avec la mort de Rémi Fraisse le 26 octobre 2014, sont à la mesure de la menace que représente pour lui cette nouvelle alchimie subjective.

On est assez loin du « pays contre l'État », titre donné en 1981 par Alain Touraine et François Dubet à leur enquête sur les mobilisations régionalistes dans le sud de la France[24]. Le XXIe siècle nous propose d'autres figures de collectifs territoriaux déterminés et fortement réprimés : la ville d'Oaxaca

24. Alain TOURAINE, François DUBET, Zsuzsa HEGEDUS, Michel WIEVIORKA, *Le Pays contre l'État, luttes occitanes*, Seuil, Paris, 1981.

au Mexique de juin à décembre 2006, la ville de Sidi Ifni au Maroc de juin à août 2008, Redeyef et le bassin de Gafsa d'avril à juin de la même année. Les îles et les anciennes colonies sont des espaces privilégiés pour faire émerger cette subjectivité collective. La mobilisation de la Guadeloupe contre la vie chère en 2009 a pris un caractère quasi insurrectionnel. À des milliers de kilomètres les uns des autres, ces dernière années, la région du Aysen au Chili, le Val de Susa en Italie et la ville de Wukan en Chine ont convergé dans cette logique territoriale et instituante.

En Patagonie, les 100 000 habitants d'Aysen vivent sur un territoire grand comme le cinquième de la France et ne sont reliés au Chili que par une seule route partiellement goudronnée. En février 2012, soutenu par les maires, le mouvement contre la vie chère rassemble près de vingt organisations dont le Syndicat des pêcheurs, la Centrale unitaire des travailleurs (CUT), l'Association nationale des employés fiscaux (Anef) et l'association Patagonie sans barrages. Durant les deux premières semaines, le gouvernement de Sebastián Piñera fait appel à des forces spéciales d'autres régions et connues pour leur violence et mobilise la « loi de sécurité intérieure de l'État » qui est un héritage de Pinochet. Les carabiniers tirent à balles réelles le 21 mars. L'état de siège est décrété dans toutes les agglomérations. Internet et le téléphone sont coupés. Le 22 mars, les leaders du mouvement sont reçus directement au palais présidentiel. Comme en Guadeloupe, la mobilisation territoriale a fait finalement reculer le pouvoir.

En Italie, une vallée entière, le Val de Susa, se mobilise depuis 2000 contre le train à grande vitesse Lyon-Turin (le TAV en italien). La petite commune de Mompantero, où commencent les expulsions en 2005, est le premier terrain d'affrontement direct. Les occupations du chantier se répètent pendant sept ans avec leur lot de répressions violentes. La mobilisation locale devient une grande affaire nationale. Dès décembre 2005, le slogan « NoTav » surgit sur les murs de toute l'Italie, jusqu'à Palerme. Autour de Chiomonte, la petite vallée est devenue le théâtre de batailles rangées au milieu des champs. Et le projet de TGV piétine.

À Wukan dans le Guangdong, le dossier des expropriations de terres agricoles en raison de l'urbanisation et le soupçon de corruption des édiles locaux mettent le feu aux poudres. En quelques années, les 15 000 habitants de Wukan ont été dépossédés de la majorité des terres collectives. La révolte éclate les 21-22 et 23 septembre 2011. La confrontation est violente. Le 12 décembre, le village se soulève et subit un siège quasi militaire. Dès le 16 décembre, les responsables de la province suspendent les ventes immobilières mises en cause. Les administrateurs locaux librement élus durant le conflit sont reconnus par les autorités.

Radicalités pratiques

La radicalité a ses rhizomes. Quand, le 26 mai 2014, le centre social autogéré du Can Vies est menacé de destruction par le propriétaire des lieux, les Transports métropolitains de Barcelone, il ne faut pas plus de quelques heures pour que le quartier se soulève et connaisse plusieurs nuits d'émeutes. Après quatre nuits de barricades et l'extension des protestations à Valence et Majorque, le projet de destruction est abandonné. Tels sont aujourd'hui les réseaux d'une radicalité invisible mais vivante, capable de produire l'événement sans crier gare. Telle est bien l'efficacité pratique des fameux « réseaux sociaux » au pouvoir mystérieux. Preuve, s'il en était besoin encore, que les réseaux numériques ne fonctionnent que s'ils produisent de l'événement bien réel et non virtuel. Par le partage de l'information en temps réel, ils sont en mesure de soulever des réseaux latents qui ne sont mobilisés par aucune organisation préalable. Il en fut ainsi en Grèce en 2008 dans les heures qui ont suivi la mort d'Alexis Grigoropoulos. Il en est encore de même en Espagne en janvier 2014. Les projets de rénovation et de gentrification du quartier Gamonal de Burgos provoquent cinq jours d'émeutes. Mais le conflit local trouve un écho à Madrid, Alicante, Saragosse, Barcelone, Valence, Saint-Sebastien et Santander, où les nuits ont aussi eu l'odeur des lacrymogènes.

L'organisation est un des points sensibles de la radicalité contemporaine. Plus précisément, une vraie réflexion est nécessaire sur son absence persistante. On ne voit pas émerger de mode d'organisation capable de porter dans la durée la radicalité, de mettre en œuvre une stratégie, d'être un espace de partage de pratiques, d'expériences, de savoirs et de choix éthiques. Peut-on et doit-on aujourd'hui tenter d'ailleurs de penser une organisation comme lieu de production d'une intellectualité du monde et d'une éthique collective ? Oui, répond Alain Badiou, pour qui « une organisation est au croisement de l'idée et d'un événement[25] » et est nécessaire pour la « *discipline de l'événement*, c'est-à-dire la possibilité d'une fragmentation efficace de l'idée en actions, déclarations, inventions

25. Alain BADIOU, *Le Retour de l'histoire*, *op. cit.*, p. 98.

qui témoignent d'une *fidélité à l'événement*[26] ». Non, rétorque sans hésitation le Comité invisible, pour qui il faut « construire une force qui ne soit pas une organisation[27] ». Ceux qui ont eu une expérience personnelle d'innovation organisationnelle, tels Toni Negri avec l'opéraïsme italien des années 1970 ou Sylvain Lazarus avec l'Organisation politique créée en 1985 et autodissoute en 2007, sont d'une prudence extrême.

Le scénario esquissé par Alain Badiou semble paradoxalement s'incarner dans le Podemos espagnol. Que font en effet Pablo Iglesias Turrión et ses amis sinon « discipliner l'événement » et le fragmenter « en actions, déclarations, inventions qui témoignent d'une *fidélité à l'événement* » ? Mais ils le font avec des objectifs électoraux, comme si la figure de l'organisation comme acteur collectif portée par l'« idée » ne pouvait décidément s'incarner que dans la stratégie de pouvoir et, en l'occurrence, la stratégie parlementaire...

Peut-être tout simplement la question est-elle mal posée ou plutôt posée à l'ancienne. S'organiser n'est pas nécessairement fonder « une organisation » : « La discipline véritable n'a pas pour objet

26. *Ibid.*, p. 105.
27. Comité invisible, *À nos amis*, *op. cit.*, p. 233.

les signes extérieurs d'organisation, mais le développement intérieur de la puissance[28]. » Il y a évidemment de l'organisation dans l'occupation des places, dans l'établissement d'une ZAD, dans la mise en place de réseaux numériques. Une nouvelle culture d'organisation circule et s'améliore à l'épreuve des événements, celle d'une nouvelle génération.

Le chantier qui reste ouvert n'est pas tant celui de l'organisation que celui du Nous et du commun. Car la radicalité contemporaine faillira devant le djihadisme si elle n'est pas en mesure de porter une idée commune de l'humanité et de son avenir. Si l'émergence des communs commence à nourrir bien des réflexions philosophiques et économiques[29], elle n'a pas encore gagné la bataille de la conscience des peuples. Et cette bataille, ce ne sont ni les philosophes ni les économistes, les meilleurs soient-ils, qui sont en mesure de la mener. Ce sont les peuples eux-mêmes dans la résistance au chaos contemporain.

---

28. *Ibid.*, p. 236.

29. Pierre DARDOT et Christian LAVAL, *Commun. Essai sur la révolution au XXIe siècle*, La Découverte, Paris, 2014 ; Antonio NEGRI et Michael HARDT, *Commonwealth*, Stock, Paris, 2012 ; Benjamin CORIAT, *Le Retour des communs*, Les Liens qui libèrent, Paris, 2015.

Conclusion

Un nouveau récit

> « Nous étions fatigués d'être fatigués. Alors nous nous sommes mis en marche. [...] Et parce que nous avons confiance dans les gens, une confiance a commencé à prendre corps autour d'un nouveau récit. »
>
> Juan Carlo MONEDERO,
> in *Podemos, sûr que nous pouvons*, 2015 [1].

Le chaos est là

Le chaos est bien là. Il est géopolitique, politique et culturel. L'incendie qui ravage le Moyen-Orient frappe violemment aux portes de l'Occident. Il a fallu des mois pour que les gouvernements reconnaissent l'ampleur historique de l'exode des peuples

1. Carolina BESCANSA, Inigo ERREJON, Pablo IGLESIAS et Juan Carlo MODENERO, *Podemos, sûr que nous pouvons*, sous la direction de Ana Dominguez et Luis Gimenez, Indigènes, Montpellier, 2015.

qui fuient des lieux de guerre et de terreur. Que n'a-t-on pas entendu au printemps 2015 ? Le 18 avril, le président français n'a-t-il pas qualifié les passeurs de « terroristes » et proposé un renforcement de l'opération de surveillance « Triton » en Méditerranée ? Puis, lorsque durant l'été on reconnaît enfin l'exode pour ce qu'il est, les mieux intentionnés, telle la chancelière allemande, en sous-estiment l'ampleur et passent rapidement de la bienvenue médiatique à la panique frontalière.

L'incompétence et l'électoralisme à courte vue ajoutent à la confusion politique. Le 7 septembre 2015, la députée socialiste Françoise Dumas écrit au maire de Nîmes pour lui demander que la ville prenne sa part « à l'accueil de ces réfugiés en provenance de Syrie et tout particulièrement des chrétiens d'Orient pourchassés par Daech ». Nombre de ces chrétiens sont accueillis en Jordanie, pays musulman qui leur construit des églises. Faut-il rappeler que l'immense majorité des victimes de Daech et de Bachar el-Assad sont musulmanes ?

Nos gouvernants ne semblent pas prendre la mesure de la situation qui s'ouvre. L'affirmation de l'État islamique et son extension guerrière agissent comme une déflagration mondiale dont les effets en chaîne sont incalculables. Sauve qui peut et chacun pour soi. La Hongrie défend l'Occident chrétien. La

France s'engage sur plusieurs années pour accueillir 24 000 réfugiés (sur près de 500 000). Dans le pays des 36 000 communes, on est loin de l'accueil d'une famille par paroisse proposée par le pape François. D'aucuns proposent un statut de réfugié de guerre et insistent sur la nécessité du retour. Mais du retour où ? Et quand ? Qui en Occident est porteur d'une vraie stratégie de paix pour la région ?

En juillet 2015, la Turquie décide de bombarder (un peu) Daech pour mieux faire (vraiment) la guerre aux Kurdes, ceux-là mêmes qui affrontent quotidiennement l'État islamique sur le terrain et qui reprennent la ville de Sinjar le 13 novembre 2015. En octobre 2015, la Russie propose à la coalition occidentale de soutenir Bachar el-Assad, l'homme qui fait la guerre à son propre peuple, qui gaze les civils, qui torture des milliers de Syriens[2]. Tous ceux qui connaissent la situation savent et répètent que le président syrien est d'une certaine façon le meilleur agent recruteur de l'État islamique[3]... Depuis l'entrée des troupes soviétiques en Afghanistan en décembre 1979, les interventions

2. Pas moins de 11 000 cadavres ont été dénombrés sur les 55 000 photos sorties des prisons syriennes par un ancien gardien (voir Garance LE CAISNE, *Opération César. Au cœur de la machine de mort syrienne*, Stock, Paris, 2015).

3. Nicolas HÉNIN, *Jihad Academy*, *op. cit.*

des grandes puissances n'ont cessé de déstabiliser la région et d'étendre le chaos. La fragilisation ou l'effondrement des États ouvrent la voie à cette « barbarie » dont la gestion est au cœur de la stratégie djihadiste.

Le côté obscur de la force

Depuis 2014, l'État islamique s'installe sur le terrain. Il s'installe en Syrie, en Irak, en Libye, au Nigéria et étend progressivement son hégémonie sur tous les réseaux djihadistes. Les chebab de Somalie et Boko Haram au Nigéria sont aujourd'hui en mesure de diffuser une communication audiovisuelle aussi hollywoodienne que celle de Daech.

L'État islamique s'installe dans l'imaginaire politique du monde. L'horreur qu'il revendique provoque aussi la fascination. C'est une organisation de guerre qui connaît les arcanes du commerce et de la finance internationale, qui maîtrise les technologies de pointe. Et c'est surtout une force en expansion dont l'idéologie paranoïaque est un moteur sans fin : Daech se renforce à chaque offensive de ses adversaires, se relégitime à chaque tentative de coalition pour le combattre. L'acharnement dont on fait preuve à son endroit, le caractère hétéroclite des coalitions qui s'y emploient lui donnent toujours plus de puissance politique. On ne gagne pas militairement contre des candidats au martyre, encore moins contre une idée.

L'État islamique n'est pas étranger à notre monde. Il est moins une dérive de l'islam qu'une réaction aux violences de la mondialisation et des États qui la gèrent. La destruction de l'État irakien, la confessionnalisation du pouvoir confié aux chiites par les États-Unis ont ouvert la voie. Le silence et l'atonie de l'Occident face au massacre du peuple syrien par son propre gouvernement depuis 2011, l'intervention franco-britannique en Libye sans la moindre stratégie de paix, l'absence (définitive ?) de tout règlement de la question palestinienne et le déni de toutes les promesses internationales ont été les drames géopolitiques qui ont produit des martyrs comme l'arrogance et la violence de la police de Ben Ali ont provoqué l'immolation de Mohammed Bouazizi. Et est-ce un hasard si Boko Haram prospère au Nigéria, premier producteur africain de pétrole, onzième mondial, marqué à la fois par une pollution gigantesque et par des pénuries d'essence quotidiennes ? Là comme partout, la corruption a fait son œuvre. Le gouvernement a fermé les raffineries, importe l'essence à prix d'or et subventionne ce trafic lucratif…

Comment peut-on imaginer combattre ce nouveau djihad mondialisé en épargnant les dictatures sanglantes et les pouvoirs corrompus, en laissant mourir ce qui reste du peuple palestinien, en rejetant le peuple syrien dans une errance massive ? Peut-on avoir une politique de lutte contre Daech et vendre vingt-quatre avions Rafale au Qatar, État qui a contribué à l'armer ? Peut-on s'enorgueillir des 10 milliards d'euros de contrats promis à des ministres transformés en voyageurs de commerce par l'Arabie saoudite, patrie du wahhâbisme et du salafisme qui écrase les chiites du Yémen ? Peut-on raisonnablement intervenir militairement sur le terrain même que Daech a choisi (la « barbarie ») en poursuivant une course à la guerre sans porter une figure de la paix ? Peut-on lutter contre les organisateurs de crimes contre l'humanité sans associer à la lutte et à la construction de la paix les peuples qui en sont victimes et qui, comme les Kurdes, les combattent déjà ?

Était-il crédible et efficace, le 11 janvier 2015, de crier son refus de l'horreur derrière les grands de ce monde ? Était-il possible de défendre la liberté et la république en emboîtant les pas de Viktor Orban, Premier ministre de Hongrie, Benjamin Netanyahou, Premier ministre israélien, Sergei Lavrov, ministre des Affaires étrangère de Poutine, Ali Bongo, président du Gabon, Ahmet Davutoglu, Premier ministre turc, Nizar al-Madani, numéro deux de la diplomatie d'Arabie saoudite pour ne citer que les noms de ceux qui ont fait un peu polémique ? Peut-on construire l'unité nationale contre la terreur sans faire face aux fractures profondes qui se sont ouvertes dans notre pays depuis maintenant plus d'une génération ?

Qu'avons-nous fait de nos enfants ?

« Mon fils est un autre », écrit le romancier Mouloud Akkouche dans une « Lettre à mon fils, parti faire le djihad[4] ». Des émeutes de 2005 à la folie djihadiste, nous ne reconnaissons pas nos enfants. Quelles sont les racines de cette rage, quel est le terreau de cette folie meurtrière ? Pouvait-on imaginer anniversaire plus sinistre pour les émeutes de 2005 que la relaxe finale des policiers impliqués dans la poursuite mortelle du 27 octobre 2005 ? Car la vérité des émeutes de 2005 est là : dans la douleur et la rage face à deux jeunes vies fauchées sans raison, deux morts de la peur que peuvent inspirer des uniformes quand on est ado, qu'on n'a pas la

4. Mouloud AKKOUCHE, « Lettre à mon fils, parti faire le djihad », *Bondy Blog*, 1er août 2015, <ur1.ca/o7q5v>

bonne couleur de peau, qu'on n'habite pas dans le bon quartier. Hier comme aujourd'hui, l'absence de compassion collective et institutionnelle est d'une violence incommensurable.

Qui a osé dire sur le moment, y compris très à gauche, que cette rage collective était légitime ? L'opprobre a été unanime contre les incendies de voitures ou, pire, d'écoles ou de bibliothèques. Les mieux intentionnés ont tenté après coup de transformer la rage en mobilisation plus traditionnelle, notamment électorale, sans mesurer la disqualification de la politique auprès de cette génération. Cette rage était tournée contre la politique, ses discours, ses promesses non tenues, ses mensonges, son répertoire convenu. Cette rage s'est de nouveau exprimée, à la stupeur de tous, quelques mois plus tard en 2006 quand la violence s'est exercée contre les cortèges d'étudiants manifestant contre le contrat de première embauche.

La situation matérielle et symbolique de cette jeunesse populaire urbaine s'est aggravée depuis 2005. Les émeutes n'ont pas cessé. Gauche et droite en alternance, empêtrées l'une et l'autre dans les conséquences de politiques aveugles aux problèmes posés et indifférentes à la casse sociale de la mondialisation néolibérale, ont continué leur fuite en avant sécuritaire et moralisatrice. Ce qui s'est passé en 2005 à l'échelle du pays n'a toujours pas été identifié comme une rupture majeure, annonciatrice d'autres déchirures symboliques et politiques.

Ce chaos est maintenant humain et générationnel. Il a aujourd'hui le visage juvénile des kamikazes. Ils sont nés en France, ils ont grandi en France, si loin de la Syrie ou de la Palestine et n'ont d'autre horizon que la mort, la leur et celle des autres. Bilal Hadfi, mort en kamikaze au McDonald du stade de France le 13 novembre 2015, était français. Il avait vingt ans et avait déjà fait le voyage de Syrie. Hasna Aït-Boulahcen, née à Clichy-la-Garenne, avait grandi à Aulnay-sous-Bois, cherchait du travail. Elle avait vingt-six ans. Elle est morte le 18 novembre 2015 à Saint-Denis au petit matin, lors de l'assaut du Raid qui visait certains des auteurs des tueries du 13 novembre. Samy Amimour, ancien chauffeur de bus, décrit par ses proches comme un jeune homme gentil et timide, était né à Paris. Son père était allé en Syrie – où il s'était marié – pour tenter de le ramener. Il avait vingt-huit ans quand il a fait irruption dans la salle du Bataclan pour massacrer des dizaines de jeunes de son âge.

La France ne fait pas seulement face à un chaos qui lui serait totalement extérieur et dont l'épicentre semble aujourd'hui se localiser en Syrie. Elle en prend sa part en participant à la production du chaos mondial. C'est une des raisons pour lesquelles le djihad y trouve un terrain favorable.

Une nouvelle radicalité

Face au chaos du monde et au chaos individuel qu'il peut engendrer, le djihad a une vraie proposition politique : la conversion de soi, la fin de l'histoire et le martyre comme libération. C'est une réponse inscrite dans l'absence d'avenir et d'espoir, meurtrière pour soi et pour les autres. Le djihad est à notre monde globalisé ce que le portrait de Dorian Gray est au héros d'Oscar Wilde : le visage monstrueux caché derrière une façade trompeuse. C'est le côté obscur du destin qui nous est imposé.

Les peuples peuvent-ils aujourd'hui se choisir leur avenir et refuser la fausse alternative entre idéologie de mort ou globalisation mortifère ? Ce qui nous manque le plus dans ces circonstances dramatiques, c'est ce qui a été l'instrument de ce choix durant les deux siècles passés : la politique comme puissance subjective. Sans politique, il n'y a ni de chemin vers l'avenir ni construction d'un destin commun. Sans politique, la démocratie n'est plus qu'un théâtre d'ombres où les mots sonnent creux. Sans politique, la représentation se résume à un spectacle. Sans politique, les confrontations d'idées perdent leur rapport au réel. Et alors, comme disent les Indignés espagnols, « leurs urnes sont trop petites pour nos rêves ».

Car la politique n'est jamais sage. Cette puissance subjective ne peut prétendre incarner le destin des peuples que dans le dissensus et l'affrontement des possibles. C'est pourquoi la lutte des classes comme référentiel social, le communisme comme hypothèse et la révolution comme possibilité ont été structurants durant des décennies. C'est pourquoi ils nous manquent aujourd'hui. C'est de cette absence que se nourrissent les identités intolérantes, la confessionnalisation du social et les idéologies de mort. L'humoriste Christophe Alévêque nous l'a dit à sa façon le 11 janvier 2015, lors de la soirée d'hommage à *Charlie Hebdo* à France Télévision, en entonnant *Bella Ciao*, le chant des résistants italiens.

Il nous faut pourtant congédier la nostalgie pour fonder la radicalité contemporaine. On n'ouvre pas un nouveau cycle politique sur des regrets ou des remords. Contrairement à ce que j'ai longtemps pensé, on ne « refonde » jamais rien. Cette radicalité n'est pas abstraite. Elle n'est pas un argument de tribune ou de plateau télévisé. Elle s'incarne dans des situations concrètes et y opère une critique en acte des enjeux de notre époque : la financiarisation du monde et la corruption des gouvernements, le mépris de la créativité humaine et de l'expertise populaire par les logiques de profit, la spoliation de l'humanité par une minorité insatiable, le saccage de la planète et la mise en spectacle du pouvoir.

Il ne s'agit pas seulement de s'indigner, mais d'identifier des possibles et de donner un sens et une subjectivité communs à ces résistances multiples. C'est à ce prix que la radicalité contemporaine œuvrera à la resymbolisation du destin de l'humanité et qu'elle résistera à la tentation du sacré et du martyre. Car, face au chaos institutionnel et économique et au terrorisme du désespoir qu'il engendre, il est urgent de faire reculer la peur et d'incarner des espérances. Il est urgent de donner confiance dans un nouveau récit.

Table

Composition Facompo, Lisieux.
Impression réalisée par l'imprimerie
Laballery à Clamecy.
Dépôt légal du 1er tirage : janvier 2016
Suite du 1er tirage (2) : octobre 2016
N° d'impression : 610040

Imprimé en France